मोपासाँ की लोकप्रिय कहानियाँ

मोपासाँ की लोकप्रिय कहानियाँ

गाय दी मोपासाँ

प्रकाशक

प्रभात प्रकाशन प्रा. लि.

4/19 आसफ अली रोड, नई दिल्ली–110002

फोन : 011–23289777 • हेल्पलाइन नं. : 7827007777

इ–मेल : prabhatbooks@gmail.com ❖ वेब ठिकाना : www.prabhatbooks.com

संस्करण

2026

मूल्य

चार सौ रुपए

मुद्रक

नरुला प्रिंटर्स, दिल्ली

———— ★ ————

MAUPASSANT KI LOKPRIYA KAHANIYAN
by Guy de Maupassant

Published by **PRABHAT PRAKASHAN PVT. LTD.**
4/19 Asaf Ali Road, New Delhi-110002

ISBN 978-93-5048-233-9

₹ 400.00 (PB)

अनुक्रमणिका

१. रस्सी का टुकड़ा ७
२. छोटा पीपा १५
३. वह ? २२
४. शादी की रात ३०
५. लाभ का धंधा ३९
६. पिता ४४
७. क्या वह सपना था ? ५४
८. अशुभ प्रेमी ६०
९. नए साल का तोहफा ६७
१०. अवशेष ७४
११. चोर ८०
१२. मैडम बैपटिस्ट ८६
१३. व्यर्थ सौंदर्य ९३
१४. युक्ति ११३
१५. पितृहत्या ११९
१६. माँ और बेटा १२६
१७. एक परिवार १३३
१८. दो दोस्त १३९
१९. सपने १४८
२०. बच्चा १५३

रस्सी का टुकड़ा

बाजार का दिन था। गोदरविल के आसपास की तमाम सड़कों पर किसान अपनी पत्नियों के संग कसबे की तरफ चले आ रहे थे। पुरुष धीमे-धीमे कदम रखते हुए आगे बढ़ रहे थे। उनका पूरा शरीर उनकी लंबी मुड़ी हुई टाँगों की गति पर आगे को झुक जाता था। कड़ी मेहनत करने से उनकी टाँगें बेडौल हो गई थीं और लगातार बोझ डालने से उनका बायाँ कंधा ऊपर को उठ जाता था और उनकी देह घूम जाती थी। उनकी टाँगें बेडौल हुई थीं गेहूँ की कटाई से, जिसके लिए उन्हें मजबूत पकड़ बनाने के लिए अपने घुटनों को फैलाना पड़ता था। उनकी टाँगें बेडौल हुई थीं देहात के उन तमाम मेहनत वाले कामों से, जो धीरे-धीरे किए जाते थे और जो कष्टपूर्ण भी थे। उनकी नीली, कलफ लगी कड़क कुरतियाँ ऐसे चमक रही थीं मानो उन पर वार्निश की गई हो। उनके गले और कफ पर छोटी सी सफेद डिजाइन बनी थी और उनके दुबले-पतले शरीर पर फूली हुई वे ऐसी दिख रही थीं, जैसे गुब्बारे हों, जो उन्हें अभी उड़ा ले जाएँगे। उनकी हरेक कुरती में से एक सिर, दो हाथ और दो पैर बाहर को निकले हुए थे।

उनमें से कुछ किसान गाय या फिर बछड़े को रस्सी से बाँधे ले जा रहे थे और उनकी पत्नियाँ उस जानवर के पीछे चल रही थीं। उसकी चाल तेज करने के इरादे से वे जानवर की पिछाड़ी पर एक पत्तेदार डंडी फटकारती जा रही थीं। उनके हाथों में बड़ी सी टोकरियाँ थमी थीं, जिनमें से मुर्गियाँ या बतखें अपनी मुंडियाँ बाहर निकाले हुए थीं। वे अपने आदमियों से ज्यादा तेजी और फुरती से कदम बढ़ा रही थीं। उनके तने शरीर एक हलकी, छोटी सी शॉल में लिपटे थे, जो उनके चपटे सीनों पर पिन से बँधी हुई थी। उनके बाल एक सफेद कपड़े से ढके थे, जो उनके बालों से चिपका हुआ और उसके ऊपर टोपी थी।

तभी एक छकड़ा बड़े अजीब ढंग से धड़धड़ाता हुआ वहाँ से गुजरा, जिसमें दो आदमी अगल-बगल बैठे थे। नीचे बैठी एक औरत जोरदार झटकों से बचने के लिए दोनों तरफ से पकड़े हुए थी।

गोदरविल के सार्वजनिक चौक पर भीड़ थी। यह इनसानों और जानवरों का मिला-जुला जमघट था। मवेशियों के सींग, अमीर किसानों के लंबे रोएँदार ऊँचे टोप और किसान औरतों की टोपियाँ झुंड से ऊपर दिखाई दे रही थीं। वहाँ तेज, कर्कश, चीखती आवाजों से लगातार और भीषण शोर हो रहा था, जिसे कभी-कभी किसी देहाती के दमदार फेफड़ों से निकलती हँसी या किसी मकान की दीवार से बँधी किसी गाय के रँभाने की लंबी आवाज पछाड़ देती थी।

उस सब में अस्तबल, डेरी और गंदगी के ढेर, भूसे और पसीने का आभास था, जिसमें से अरुचिकर इनसानी और पाशविक गंध उठ रही थी, जो खेतिहर लोगों के लिए जानी-पहचानी थी।

ब्रोत का मेत्र होशेकोमं अभी-अभी गोदरविल में पहुँचा था, वह अभी सार्वजनिक चौक की तरफ कदम बढ़ा ही रहा था कि उसे जमीन पर रस्सी का एक छोटा सा टुकड़ा दिखाई दिया। वह एक सच्चे नॉर्मन की तरह चीजों के बेकार हो जाने को पसंद नहीं करता था। उसने सोचा कि काम की कोई भी चीज हो, उसे उठा लेना चाहिए। सो वह झुका, हालाँकि ऐसा करने में उसे दर्द हुआ, क्योंकि वह गठिया का मरीज था। उसने पतली रस्सी के उस टुकड़े को जमीन से उठा लिया और उसे सावधानी से लपेटने लगा। तभी उसकी नजर काठी आदि साज बनाने वाले मेत्र मलांदै पर पड़ी, जो अपनी चौखट से उसी को देख रहा था। अभी तक वे दोनों मिलकर साज का कारोबार किया करते थे, लेकिन अब दोनों में खटपट हो चुकी थी, क्योंकि दोनों ही नफरत करने में कम न थे। मेत्र होशेकोम को शर्म सी महसूस हुई कि उसके दुश्मन ने उसे इस तरह गंदगी में से रस्सी का टुकड़ा उठाते देख लिया है। उसने अपनी पाई हुई चीज को जल्दी से अपनी कुरती के नीचे और फिर अपनी पैंट की जेब में रख लिया; फिर वह इस तरह से दिखावा करने लगा जैसे अभी भी जमीन पर किसी चीज को ढूँढ़ रहा हो, जो उसे नहीं मिली, फिर वह सिर झुकाए बाजार की ओर चला गया। वह दर्द के मारे दोहरा हो रहा था।

जल्दी ही वह शोरगुल करती और धीमे-धीमे आगे बढ़ती भीड़ में गुम हो गया, जो लगातार सौदेबाजी करने में व्यस्त थी। किसान दूध दुह रहे थे, आ-जा रहे थे। वे परेशान थे। उन्हें हमेशा इस बात का डर बना रहता था कि उनके साथ धोखा न हो जाए, उनमें निर्णय करने की हिम्मत नहीं हो रही थी। वे दूध बेचनेवाले

की नजर को देख रहे थे, उनकी कोशिश हमेशा यह थी कि उस आदमी की चालबाजी और उस जानवर की खामी को पकड़ लें।

औरतों ने अपनी बड़ी-बड़ी टोकरियाँ अपने पैरों के पास रख ली थीं और अपनी मुर्गियाँ व बतखें बाहर निकाल ली थीं, जो जमीन पर पड़ी थीं। उनके पाँव बँधे हुए थे, उनकी आँखों में दहशत थी, उनकी कलगियाँ सुर्ख लाल थीं।

वे लोगों के बताए दामों को बेरुखी से सुनतीं, और भावहीन चेहरा बनाकर अपने दाम बताती थीं, कभी अचानक कुछ रियायत का फैसला करके धीरे-धीरे आगे जाते ग्राहक से चिल्लाकर कहती थीं, 'ठीक है, मेत्र ओतीर्न, मैं इतने में दे दूँगी'।

धीरे-धीरे करके चौक खाली हो गया, फिर जब दोपहर की प्रार्थना की घंटी बजी, तो जो लोग वहाँ कुछ ज्यादा ही देर टिक गए थे, वे अपनी-अपनी दुकानों पर चले गए।

जूर्दे की सराय का बड़ा सा कमरा लोगों से भरा हुआ था। वे खा-पी रहे थे, क्योंकि बड़ा सा दालान तमाम तरह की गाड़ियों से भरा था। वहाँ बोझा-गाड़ियाँ थीं, टमटमें थीं, छकड़े थे, कूड़ा गाड़ियाँ थीं। वे धूल से सनी होने के कारण पीली पड़ गई थीं। उनकी मरम्मत की हुई थी, जिससे उनमें पैबंद लगे थे। उनकी बल्लियाँ दो हाथों की तरह आसमान की ओर उठी हुई थीं या शायद वे जमीन पर टिकी थीं, उनके पिछले हिस्से हवा में उठे थे।

खाने की मेज पर बैठे लोगों के ठीक सामने चमकीली लपटों से भरा आतिशदान था, जिसकी सुखद गरमाहट दाहिनी ओर की कतार में बैठे लोगों की पीठ पर लग रही थी। तीन सीखें घूम रही थीं, जिन पर मुर्गियाँ, कबूतर और बकरे की टाँगें लगी थीं। भट्ठी में भुने बीफ और अच्छी तरह से सिककर सुर्ख भूरी हुई चमड़ी पर टपकते शोरबे की भूख जगाने वाली महक भट्ठी से उठ रही थी, जिससे माहौल और भी खुशगवार हो रहा था और सबके मुँह में पानी आ रहा था।

सारे कुलीन किसान मेत्र जूर्दे की उस दुकान में ठहरे थे। उनमें सराय चलानेवाला और घोड़ों का सौदागर जूर्दे एक पाजी था, जिसके पास दौलत थी। एक के बाद एक चली खाने की तश्तरियाँ खाली होती गईं और यही हश्र सेब की पीली शराब का भी हुआ। हर कोई अपने-अपने बारे में, अपनी खरीद और बिक्रियों के बारे में बताने लगा। सभी लोग फसलों के बारे में चर्चा करने लगे। मौसम हरी चीजों के लिए तो अनुकूल था, लेकिन गेहूँ के लिए नहीं।

अचानक मकान के सामने दालान में ढोल बजने की आवाज सुनाई पड़ी।

कुछ उदासीन लोगों को छोड़, बाकी सब उठ खड़े हुए और दरवाजे या खिड़कियों की ओर दौड़ पड़े। उनके मुँह खाने से अब भी भरे हुए थे और उनके हाथों में रुमाल थे।

मुनादी जब ढोल पीट चुका तो उसने उखड़ती आवाज में कहना शुरू किया—

"गोदरविल के बाशिंदों को, और आम तौर पर बाजार में मौजूद सभी लोगों को—यह इत्तिला दी जाती है कि आज सुबह नौ और दस बजे के बीच, बेंजविल जाने वाली सड़क पर काले चमड़े का एक बटुआ खो गया है, जिसमें पाँच सौ फ्रैंक और कुछ कारोबारी कागज थे। जिस किसी को भी मिला हो, उससे दरख्वास्त की जाती है कि वह जल्दी-से-जल्दी उसे मेयर के दफ्तर में या मानविल के मेत्र फॉर्चून हूलब्रेक को लौटा दे, उसे बीस फ्रैंक इनाम में दिए जाएँगे।"

फिर वह आदमी चला गया। ढोल पीटने की भारी ढमढम और मुनादी की आवाज थोड़ी दूरी पर फिर सुनाई दी। फिर वे इस घटना के बारे में बातें करने लगे कि मेत्र हूलब्रेक को उसका बटुआ मिलने की कितनी संभावनाएँ हैं या नहीं।

अब वे खाना खा चुके थे। वे अपनी कॉफी खत्म करने जा ही रहे थे कि दहलीज पर एक पुलिसवाला दिखाई दिया। उसने पूछा—"ब्रोत का मेत्र होशेकोम यहाँ है क्या?"

मेज के दूसरे सिरे पर बैठे मेत्र होशेकोम ने जवाब दिया—"मैं यहाँ हूँ।"

अधिकारी ने कहा, "मेत्र होशेकोम, क्या तुम मेहरबानी करके मेरे साथ मेयर के दफ्तर चलोगे? मेयर तुमसे बात करना चाहते हैं।"

चकित और परेशान किसान ने ब्रांडी के अपने छोटे गिलास से एक घूँट भरा और उठ खड़ा हुआ। सुबह की अपेक्षा अधिक झुके हुए, मुश्किल से कदम बढ़ाते हुए वह उसके साथ चल पड़ा। वह बार-बार कहता जा रहा था—'यह रहा मैं, यह रहा मैं'।

मेयर एक हत्थे वाली कुरसी पर बैठे उसका इंतजार कर रहे थे। वह उस इलाके के नोटरी थे। वह तगड़े थे, गंभीर थे और बातचीत में लच्छेदार जुमलों का इस्तेमाल करते थे।

"मेत्र होशेकोम!" उन्होंने कहा, "तुम्हें आज सुबह बेंजविल जानेवाली सड़क पर खोए मानविल के मेत्र हूलब्रेक के बटुए को उठाते देखा गया था।"

यह सुनकर वह देहाती स्तब्ध रह गया। उसने मेयर को देखा। वह पहले ही दहशत में था कि उस पर शक किया जा रहा था, जबकि उसे खुद उसका कारण पता नहीं था।

''मैंने! मैंने! मैंने बटुआ उठाया?''

''हाँ-हाँ, तुम्हीं ने।''

''कसम से, मैंने तो इसके बारे में कभी सुना भी नहीं।''

''लेकिन तुम्हें देखा गया।''

''मुझे देखा गया, मुझे? किसने कहा कि उसने मुझे देखा है?''

''साज बनानेवाले मलांदै महाशय ने।''

उस बुजुर्ग को याद आ गया, समझ में आ गया और वह गुस्से से लाल हो गया।

''ओह, तो उसने मुझे देखा था, उस मिट्टी के लोंदे ने मुझे यह रस्सी उठाते देखा था, मेयर साहब!'' और अपनी जेब से टटोलकर उसने रस्सी का वह छोटा टुकड़ा निकाला।

लेकिन मेयर ने अविश्वास जताते हुए सिर हिला दिया।

''तुम मुझे यह विश्वास नहीं करा सकते, मेत्र होशेकोम कि मलांदै महाशय ने, जो विश्वास के योग्य है, उसने इस रस्सी को गलती से बटुआ समझ लिया।''

किसान ने गुस्से में अपना हाथ ऊपर किया, अपनी इज्जत की पुष्टि के लिए एक तरफ को थूका, और फिर वही कहा, ''फिर भी ईश्वर की कसम, सच्चाई यही है, पवित्र सच्चाई, मेयर साहब! मैं अपनी आत्मा और अपने मोक्ष की कसम खाकर फिर से कहता हूँ।''

मेयर ने आगे कहा, ''उस चीज को उठाने के बाद, तुम एक लट्ठे की तरह खड़े रहे और देर तक मिट्टी में देखते रहे थे कि कहीं कोई पैसा गिर तो नहीं गया।''

वह भलमानस बुजुर्ग कोप और भय से अवाक् रह गया।

''कोई कैसे बोल सकता है? कोई कैसे बोल सकता है? कैसे बोल सकता है कोई, ऐसा झूठ किसी ईमानदार आदमी की इज्जत बिगाड़ने को! कोई कैसे?''

उसके विरोध करने का कोई फायदा नहीं था, किसी ने उस पर विश्वास नहीं किया। उसका सामना महाशय मलांदै से कराया गया, जिसने अपनी बात को ही दोहराया और उसी की पुष्टि की। वे एक घंटे तक एक-दूसरे को बुरा-भला कहते रहे। मेत्र होशेकोम के अनुरोध पर खुद उसकी तलाशी ली गई और उसके पास कुछ भी नहीं निकला।

अंत में बेहद परेशान मेयर ने उसे यह कहकर छोड़ दिया कि आगे के आदेश के लिए उसे सरकारी अभियोजक से संपर्क करना होगा।

यह खबर चारों ओर फैल चुकी थी। वह बुजुर्ग जब मेयर के दफ्तर से निकला तो लोगों ने उसे घेर लिया और गंभीरता से या मजाक से उत्सुकता में उस पर सवालों की झड़ी लगा दी, जिसमें कोई कोप नहीं था। वह रस्सी की कहानी सुनाने लगा, लेकिन किसी ने उस पर विश्वास नहीं किया। वे उस पर हँसने लगे।

वह चलता गया। वह अपने दोस्तों को रोकता और शुरू कर देता अपनी बातों और विरोधों का अंतहीन सिलसिला। वह अपनी जेबें उलटकर दिखाता, यह साबित करने के लिए कि उसके पास कुछ भी तो नहीं है।

वे कहते—"बूढ़े पाजी, निकल जा!"

इस पर वह गुस्सा हो जाता, खीझ जाता और परेशान हो जाता कि उस पर विश्वास नहीं किया जा रहा है। उसकी समझ में नहीं आ रहा था कि क्या करे? वह बार-बार अपनी बात दोहराए जा रहा था।

रात हो गई। अब उसे वहाँ से चल ही देना चाहिए। उसने तीन पड़ोसियों के साथ अपना रास्ता पकड़ा। उसने उन्हें वह जगह दिखाई, जहाँ से उसने रस्सी का वह टुकड़ा उठाया था; सारे रास्ते वह उस अनहोनी के बारे में बोलता रहा।

शाम को वह ब्रोत गाँव की ओर मुड़ा, ताकि सबको इस बारे में बता सके, लेकिन किसी ने उस पर विश्वास ही नहीं किया। इससे रात में उसकी तबीयत खराब हो गई।

अगले दिन दोपहर लगभग एक बजे ईमैनविल के किसान मेत्र ब्रेटन के पास भाड़े पर काम करनेवाले मार्युस पामेल ने मानविल के मेत्र हूलब्रेक का बटुआ और उसमें रखी चीजें लौटा दीं।

उसने बताया कि यह सड़क पर मिला था; लेकिन क्योंकि उसे पढ़ना नहीं आता था तो उसने इसे ले जाकर अपने मालिक को दे दिया था।

यह खबर पूरे आस-पड़ोस में फैल गई। मेत्र होशेकोम को इस बारे में बताया गया। वह फौरन उठा और उसने घूम-घूमकर अपनी कहानी दोहरानी शुरू कर दी, जिसका अंत सुखद था। वह जीत की मुद्रा में था।

'मुझे इस बात से इतना दुख नहीं हो रहा है, जितना कि झूठ बोले जाने से। इससे शर्मनाक बात कोई और नहीं हो सकती कि आपको एक झूठ की वजह से शक के घेरे में रखा जाए।'

सारा दिन वह अपने साथ हुई उस अनहोनी की बातें करता रहा। उसने बड़ी सड़क पर उन लोगों को बताया, जो वहाँ से गुजर रहे थे। उसने शराब की दुकान पर उन लोगों को बताया, जो वहाँ पी रहे थे और अगले इतवार उसने उन लोगों

को बताया, जो चर्च से बाहर आ रहे थे। उसने अजनबी लोगों को रोक-रोककर इस बारे में बताया। अब वह शांत था, फिर भी कोई बात थी जो उसे परेशान कर रही थी, लेकिन उसे ठीक-ठीक पता नहीं था कि वह क्या बात थी। लोग सुनते और उसे मजाक में लेते थे। उन्हें उसकी बात पर विश्वास नहीं होता था। उसे शायद लग गया था कि उसकी पीठ पीछे बातें बनाई जा रही हैं।

अगले सप्ताह मंगलवार को वह यह सोचकर गोदरविल के बाजार में गया कि उसे इस विषय में बात जरूर करनी चाहिए।

मलांदै अपने दरवाजे पर खड़ा था। वह उसे वहाँ से जाते देख हँसने लगा। क्यों?

वह क्रेकेतो से आए एक किसान के पास गया और उसे अपनी कहानी सुनाने लगा, लेकिन उस किसान ने उसे अपनी बात भी पूरी नहीं करने दी और उसके पेट पर हाथ मारकर उसके मुँह पर ही कह दिया—

''बड़े पाजी हो तुम!''

और उसकी तरफ पीठ फेर ली।

मेत्र होशेकोम चकरा गया। उसे बड़ा पाजी क्यों कहा जा रहा है?

अब वह जूदैं की सराय में मेज पर बैठ गया तो उसने उस 'मामले' पर सफाई देनी शुरू की, तभी मोनविलियर्स से आए घोड़े के एक सौदागर ने उसे पुकारकर कहा, ''चलो-चलो, बूढ़े ठग, यह पुरानी चाल है; मुझे तुम्हारे रस्सी के टुकड़े के बारे में सब पता है।''

होशेकोम की जबान लड़खड़ा गई। उसने हकलाते हुए कहा, ''लेकिन वह बटुआ तो मिल गया।''

लेकिन उस आदमी ने जवाब दिया, ''चुप हो जाओ, एक वह है जिसे मिलता है और एक वह है जो बताता है। जो भी हो इसमें तुम शामिल तो हो ही।''

किसान अवाक् खड़ा रह गया। उसकी समझ में आ गया। वे उस पर यह दोष लगा रहे थे कि उसने अपने गुनाह के साथी, गुनाह के साझीदार से वह बटुआ वापस करवाया था।

उसने विरोध करने की कोशिश की। मेज पर बैठे सभी लोग हँसने लगे।

वह अपना खाना भी खत्म नहीं कर पाया और लोगों के तानों के बीच वहाँ से चला गया।

वह शर्म और कोप की स्थिति में घर पहुँचा। वह क्रोध और भ्रम से अवाक् था, उसका गला रुँध रहा था। वह और भी निराश था कि उस पर जो दोष लगाया

गया था, उसकी नॉर्मन चतुराई उसमें समर्थ थी। उसके लिए, उसी भ्रमित स्थिति में अपनी निर्दोषता साबित करना असंभव था, क्योंकि उसका छल उजागर हो गया था। शक की इस नाइनसाफी से उसके दिल को धक्का लगा।

उसने उस अनहोनी के बारे में फिर से बताना शुरू कर दिया। हर दिन उसका इतिहास और लंबा हो जाता। हर बार उसमें वह नए कारण और अधिक जोश भरे विरोध, और अधिक गंभीर कसमें जोड़ता गया, जिन्हें उसने अपने एकांत के क्षणों में सोचा और तैयार किया था। उसका पूरा दिमाग ही रस्सी की कहानी में रम गया था। अब उस पर और भी कम विश्वास किया जाता था, क्योंकि उसका बचाव और अधिक पेचीदा था और उसका तर्क और अधिक सूक्ष्म था।

'ये सब झूठे बहाने हैं!' लोग उसकी पीठ पीछे कहते थे।

उसे यह सब बुरा लगा, अंदर-ही-अंदर वह इसे लेकर घुलता रहा और बेकार की कोशिशों में उसने अपने आपको गला लिया। लोगों के देखते-ही-देखते वह क्षीणकाय हो गया।

दिल्लगीबाज अब मजे लेने के लिए उससे रस्सी के बारे में बताने को कहते, जैसे वे किसी मुहिम से लौटे सिपाही से उसकी लड़ाइयों के बारे में बताने को कहते हैं। उसके दिमाग पर इसका गहरा असर हुआ और वह कमजोर होने लगा।

दिसंबर खत्म होते-होते वह बिस्तर से लग गया।

जनवरी की शुरुआत में उसकी मौत हो गई और मौत से जूझते हुए, उन्माद की हालत में वह अपने निर्दोष होने का दावा करता रहा, वह बार-बार यही कहता रहा—

'रस्सी का टुकड़ा, रस्सी का टुकड़ा, देखिए यह रहा, मेयर साहब!'

□

छोटा पीपा

एप्रेविल के बाशिंदे और सराय-मालिक जूल शीको ने मदर मैगलॉयर के फार्म हाउस के आगे अपनी छोटी दुपहिया घोड़ागाड़ी रोकी। वह लगभग चालीस बरस का एक लंबा-मोटा और लाल चेहरे वाला आदमी था। आम तौर पर उसे एक जानकार ग्राहक बताया जाता था।

उसने अपने घोड़े को फाटक के लट्ठे से बाँधा और अंदर चला गया। उस बुजुर्ग महिला की जमीन से सटी उसकी अपनी कुछ जमीन थी। वह काफी लंबे समय से उसकी जमीन पर ललचा रहा था। उसने बीसियों बार उसे खरीदने की कोशिश की थी, लेकिन बुढ़िया ने हठ पकड़ते हुए हर बार उसे देने से मना कर दिया था।

'मैं यहाँ पैदा हुई हूँ और यहीं मरना भी चाहती हूँ।' वह बस यही कहती थी।

वह उसे फार्म हाउस के दरवाजे के बाहर आलू छीलती मिली। वह लगभग बहत्तर बरस की, बहुत दुबली-पतली, सिकुड़ी और झुर्रीदार, बल्कि कहा जाए तो सूखी चमड़ी वाली और बहुत झुकी देह वाली औरत थी; लेकिन किसी लड़की जैसी फुरतीली और अथक थी। शीको ने बड़े दोस्ताना अंदाज में उसकी पीठ पर थपकी दी और फिर उसके पास रखे एक स्टूल पर बैठ गया।

"मदर, तुम हमेशा बिलकुल दुरुस्त और भली-चंगी रहती हो, मुझे यह देखकर खुशी होती है।"

"मुझे किसी किस्म की शिकायत नहीं है, शुक्रिया। तुम कैसे हो, महाशय शीको?"

"बिलकुल ठीक हूँ, शुक्रिया। बस कभी-कभार गठिया का दर्द उखड़ आता

है। नहीं तो मुझे कोई शिकायत नहीं है।''

''बहुत अच्छा है!''

और इसके आगे उसने कुछ नहीं कहा, जबकि शीको उसे काम करते देखता रहा। उसकी टेढ़ी, गठीली और केकड़े के पंजों सी सख्त उँगलियाँ एक बालटी में पड़े आलुओं को चिमटी की तरह पकड़ती थीं और अपने दूसरे हाथ में पकड़े एक पुराने चाकू से उन्हें तेजी से छीलती जाती थी, उनके छिलकों को लंबा-लंबा उतारती जाती थी। उसके बाद उन आलुओं को पानी में फेंकती जाती थी। तीन गुस्ताख परिंदे एक के बाद एक उसकी गोद में कूदते, छिलके का एक टुकड़ा उठाते और फिर उसे अपनी चोंच में लेकर, तेजी से भाग जाते थे।

शीको उलझन में और चिंतित दिखाई दे रहा था। उसकी जबान पर कोई बात थी, जिसे वह कह नहीं पा रहा था। आखिर में उसने जल्दी से कह डाला—''मैं कहता हूँ, मदर मैगलॉयर…।''

''हाँ, क्या बात है?''

''तुम्हें पक्का पता है कि तुम अपना फार्म बेचना नहीं चाहतीं?''

''बिलकुल नहीं; तुम अपने मन से कुछ भी सोचो। मैंने जो कह दिया, वह कह दिया, इसलिए इस बारे में फिर बात न करना।''

''ठीक है; मैं तो बस यह कहना चाहता हूँ कि मैंने एक बंदोबस्त के बारे में सोचा है, जो शायद हम दोनों के ही लिए ठीक रहेगा।''

''वह क्या है?''

''यह देखो—तुम इसे मुझे बेचोगी और फिर भी वह तुम्हारे पास ही रहेगा। नहीं समझीं? ठीक है, तो अब जो मैं कहने जा रहा हूँ, उसे बस सुनती जाओ।''

बूढ़ी औरत ने आलू छीलने छोड़ दिए। वह अपनी घनी भौंहों के नीचे से सराय मालिक को ध्यान से देखने लगी और वह बोलता गया—''मैं अपनी बात साफ कर दूँ—हर महीने मैं तुम्हें डेढ़ सौ फ्रैंक दूँगा। मेरी बात समझ रही हो न? हर महीने मैं तुम्हारे लिए तीस क्राउन (यानी डेढ़ सौ फ्रैंक) लेकर आऊँगा इससे तुम्हारी जिंदगी में थोड़ा सा भी फर्क नहीं पड़ेगा, थोड़ा सा भी नहीं। तुम्हारे पास तुम्हारा अपना घर होगा, ठीक जैसे इस समय है; तुम्हें मेरे बारे में परेशान नहीं होना होगा और तुम्हारे ऊपर मेरा कोई कर्ज भी नहीं होगा; तुम्हें तो बस मेरा पैसा लेना होगा। क्या यह बंदोबस्त तुम्हारे लिए ठीक रहेगा?''

उसने बूढ़ी औरत को खुशमिजाजी से, बल्कि शायद दयालुता के भाव से देखा। बूढ़ी औरत ने जवाब में उसे अविश्वास के भाव से देखा कि इसमें कहीं उसे

फँसाने की कोई चाल तो नहीं। वह बोली, ''जहाँ तक मेरा सवाल है, तो यह बिलकुल ठीक लग रहा है, लेकिन इससे तुम्हें फॉर्म नहीं मिलेगा।''

''उसकी चिंता मत करो।'' वह बोला—''तुम यहाँ तब तक बनी रहोगी, जब तक सर्वशक्तिमान परमेश्वर तुम्हें जिंदा रखेंगे। तुम्हें बस वकील के सामने एक करार पर दस्तखत करने होंगे कि तुम्हारे मरने के बाद यह मेरा होगा। तुम्हारे पास कोई बच्चा नहीं है, बस भतीजे-भतीजियाँ हैं, जिनकी तुम कोई परवाह नहीं करती हो। क्या तुम्हारे लिए यह ठीक रहेगा? तुम्हारे जीते जी सबकुछ तुम्हारे पास रहेगा और मैं तुम्हें हर महीने तीस क्राउन देता रहूँगा। जहाँ तक तुम्हारा सवाल है, तो इसमें बस फायदा-ही-फायदा है।''

बूढ़ी औरत चकित रह गई, बल्कि उसे थोड़ी बेचैनी भी हुई, लेकिन फिर भी उसे सहमत होने का प्रलोभन हुआ और उसने जवाब दिया—''मैं यह नहीं कहूँगी कि मैं इस पर राजी नहीं हूँ, लेकिन मैं इस बारे में सोचना जरूर चाहूँगी। तुम एक हफ्ते में आना और तब हम इस पर फिर से बात करेंगे। उसके बाद ही मैं तुम्हें अपना पक्का जवाब दूँगी।''

और शीको चला गया। वह उस राजा की तरह खुश था, जिसने एक साम्राज्य जीत लिया था।

मदर मैगलॉयर सोच में पड़ गई और उस रात वह बिलकुल नहीं सोई। सच पूछा जाए तो चार दिन तक वह हिचकिचाहट के बुखार में रही। कहने को, उसे ऐसा अंदेशा हो रहा था कि इस पेशकश के पीछे ऐसा कुछ था, जिसमें उसका फायदा नहीं था, लेकिन फिर इस खयाल ने उसमें लालच भर दिया कि हर महीने उसे तीस क्राउन मिलेंगे, वे सारे सिक्के उसके एप्रन में खनकेंगे मानो उसके कुछ किए बिना वे आसमान से उसके लिए गिरेंगे।

उसने नोटरी के पास जाकर उसे इस बारे में बताया। नोटरी ने उसे सलाह दी कि वह शीको का प्रस्ताव मान ले, लेकिन उससे यह भी कहा कि वह शीको से हर महीने तीस के बजाय पचास क्राउन की माँग करे, क्योंकि उसके फार्म की कीमत कम-से-कम भी साठ हजार फ्रैंक तो होगी।

''अगर तुम पंद्रह साल और जीती हो,'' नोटरी ने कहा, ''तब भी वह इसके लिए तुम्हें केवल पैंतालीस हजार फ्रैंक ही देगा।''

बूढ़ी औरत हर महीने पचास फ्रैंक मिलने की इस संभावना पर खुशी से सिहर गई, लेकिन उसे अब भी शंका हो रही थी। उसे डर लग रहा था कि इसमें कहीं कोई चाल न हो, इसलिए वह वकील के पास काफी देर तक रही और उससे

सवाल पूछती रही। वह वहाँ से जाने का मन नहीं बना पा रही थी। आखिर उसने वकील से करार, तैयार करने को कह दिया और फिर घर लौट आई। उसका सिर ऐसे घूम रहा था जैसे उसने अभी-अभी चार जग सेब की नई शराब पी ली हो।

जब शीको उसका जवाब लेने आया तो उसने बहुत मान-मनौव्वल करवाई और कह दिया कि वह उसकी पेशकश मानने का मन नहीं बना पाई है। हालाँकि वह सारा समय इसी ऊहापोह में रही थी कि कहीं वह पचास क्राउन देने को राजी न हुआ तो! आखिर में, जब वह बहुत जोर देने लगा तो उसने उसे बता दिया कि वह अपने फॉर्म के लिए कितने की उम्मीद कर रही है।

वह जैसे चकित और निराश हो गया; फिर उसने इनकार कर दिया।

फिर उसे समझाने के इरादे से वह अपनी संभावित जिंदगी के बारे में बात करने लगी।

''यह पक्का है कि मैं अब पाँच या छह साल से ज्यादा नहीं जीने वाली। मैं तिहत्तर के आसपास तो हूँ ही और अपनी उम्र को देखते हुए इतनी मजबूत भी नहीं हूँ। अभी उस दिन शाम को ही मुझे लग रहा था कि मैं मरने वाली हूँ, तो मुश्किल से रेंग-रेंगकर अपने बिस्तर तक पहुँच पाई थी मैं।''

लेकिन शीको उसकी बातों में आनेवाला नहीं था।

''रहने भी दो बूढ़ी अम्मा! तुम तो चर्च की मीनार जैसी मजबूत हो; कम-से-कम सौ साल की उम्र तक जिओगी। तुमसे पहले तो मैं ही कब्र में पहुँचूँगा तुम्हारी आँखों के सामने।''

पैसों के बारे में बातचीत करते पूरा दिन बीत गया और बुढ़िया क्योंकि झुकने को तैयार ही नहीं हो रही थी, इसलिए जमींदार पचास क्राउन देने को राजी हो गया। उसने जोर दिया कि वह इस सौदेबाजी के लिए उससे दस क्राउन अलग से लेगी।

तीन साल बीत गए और बूढ़ी औरत जस-की-तस बनी रही, उसे देखकर लगता था कि उसकी उम्र एक दिन भी नहीं ढली थी। शीको निराश था। उसे लग रहा था जैसे वह पचास बरस से उसे सालाना रकम दे रहा है, जैसे वह उसकी बातों में आ गया था, उससे मात खा गया था और बरबाद हो गया था। समय-समय पर वह सालाना रकम पाने वाली बुढ़िया को उसी तरह देखने जाता था जैसे कोई जुलाई में यह देखने जाता है कि फसल कब शुरू हो सकती है। वह जब भी उससे मिलती, उसमें सयानेपन का भाव होता और उसे देखकर कोई यही सोचता कि वह अपने आपको उस चाल के लिए बधाई दे रही थी, जो उसने उस जमींदार

के साथ चली थी। यह देखकर कि वह तो काफी दुरुस्त और भली-चंगी लग रही है, वह बहुत जल्दी अपनी छोटी दुपहिया घोड़ागाड़ी में यह बड़बड़ाता हुआ सवार हो जाता—'तुम कभी मरोगी नहीं क्या, वहशी बुढ़िया?'

उसकी समझ में नहीं आ रहा था कि वह क्या करे। वह जब भी उसे देखता, उसका मन करता कि उसका गला घोंट दे। वह उसे बहुत नफरत से देखने लगा था। यह उस किसान की नफरत थी, जिसे लूट लिया गया हो। अब वह उससे छुटकारा पाने की तरकीब ढूँढ़ने लगा।

एक दिन वह फिर उससे मिलने आया। वह उसी तरह अपने हाथ मल रहा था जैसे उस पहले दिन जब वह यह सौदा लेकर आया था। कुछ देर बतियाने के बाद वह बोला, "तुम जब एप्रेविल में होती हो तो कभी मेरे यहाँ आकर थोड़ा खाना-वाना क्यों नहीं खातीं? लोग इस बारे में बातें कर रहे हैं और कह रहे हैं कि हममें खटपट हो गई है। इससे मुझे दुख होता है। तुम्हें पता है, अगर तुम आओगी तो तुम्हारी जेब से कुछ नहीं जाएगा, क्योंकि मैं खाने की कीमत नहीं देखता। जब तुम्हारा मन हो, आ जाना। तुमसे मिलकर मुझे बहुत खुशी होगी।"

बुजुर्ग मदर मैगलॉयर से दोबारा कहने की जरूरत नहीं पड़ी और एक दिन छोड़ अगले दिन ही जब वह बाजार का दिन होने के कारण, वैसे ही अपने कोचवान के साथ अपनी टमटम में जा रही थी—उसने बिना किसी संकोच के शीको के अस्तबल में अपनी गाड़ी खड़ी की और वादे के मुताबिक खाने के लिए अंदर चली गई।

सराय-मालिक उसे देखकर खुश हो गया। उसने उसके साथ किसी राजकुमारी जैसा व्यवहार किया। उसने खाने में उसे भुना चिकन, ब्लैक पुडिंग, बकरे की टाँग, बेकन और पत्तागोभी दी, लेकिन उसने न के बराबर ही खाया। वह हमेशा कम ही खाती थी और आम तौर पर थोड़े से सूप तथा डबल रोटी के सूखे टुकड़ों पर लगे मक्खन से गुजारा करती थी।

शीको निराश हो गया। उसने उस पर जोर दिया कि वह और खाए, लेकिन उसने मना कर दिया। उसने पी भी न के बराबर ही और कॉफी के लिए भी मना कर दिया, तब शीको ने उससे पूछा, "लेकिन तुम थोड़ी सी ब्रांडी या दारू तो लोगी ही न?"

"देखो! जहाँ तक इसका सवाल है तो मैं नहीं सोचती कि मैं इसके लिए मना करूँगी।" और इस बात पर उसने आवाज दी—

"रोजाली, सबसे उम्दा ब्रांडी लाओ, खास वाली—तुम्हें पता है न?"

नौकरानी कागजी अंगूर की पत्ती की सजावट वाली एक लंबी बोतल लेकर हाजिर हुई और शीको ने दो गिलास भर दिए।

"बस, पीकर देखो, तुम्हें यह अव्वल दर्जे की लगेगी।"

भली औरत ने उसे धीरे-धीरे चुस्की ले-लेकर पिया, ताकि उसका मजा और भी देर तक बना रहे और जब उसने अपना गिलास खत्म किया, तो आखिरी बूँद तक निचोड़ ली, फिर उसने कहा—"हाँ, बिलकुल अव्वल दर्जे की है!"

उसके यह कहने के ठीक पहले ही शीको उसका गिलास दोबारा भर चुका था। वह मना करना चाहती थी, लेकिन तब तक बहुत देर हो चुकी थी। उसने पहले गिलास की तरह इसे भी धीरे-धीरे पिया, फिर शीको ने उससे तीसरे गिलास के लिए कहा। उसने मना किया, लेकिन शीको जोर देने लगा।

"बहुत हलकी है। दूध की तरह। मैं दस-बारह गिलास पी सकता हूँ और मुझे कुछ नहीं होगा। यह चीनी की तरह उतर जाती है और बाद में इससे सिरदर्द भी नहीं होता। लगता है कि जीभ पर ही भाप बनकर उड़ गई। इससे बढ़िया चीज तुम्हें पीने को नहीं मिल सकती।"

अंततः बुढ़िया ने उसे ले लिया, क्योंकि वह सचमुच और पीना चाहती थी, पर उसने आधा गिलास शराब छोड़ दी।

फिर शीको ने बेहद उदारता दिखाते हुए कहा, "देखो, तुम्हें इसका स्वाद इतना अच्छा लगा है तो मैं तुम्हें इसकी एक छोटी बोतल दूँगा, क्योंकि मैं यह दिखाना चाहता हूँ कि तुम और मैं अब भी अच्छे दोस्त हैं।" फिर बुजुर्ग औरत ने शीको से विदा ली। उसे शराब का हलका नशा हो चला था।

अगले दिन सराय-मालिक बुजुर्ग औरत के आँगन में पहुँचा। उसने अपनी टमटम से लोहे के छल्ले वाला एक छोटा पीपा उतारा। उसने जोर दिया कि बूढ़ी औरत उसे चखकर देखे, ताकि उसे विश्वास हो जाए कि यह वही स्वादिष्ट शराब थी और जब उन दोनों ने तीन-तीन गिलास पी लिये तो जाते-जाते वह बोला—"देखो पता है, जब यह सारी खत्म हो जाए तो अभी और भी बची हुई है। संकोच मत करना, क्योंकि मैं बिलकुल भी बुरा नहीं मानूँगा। जितनी जल्दी यह खत्म होगी, उतनी ज्यादा खुशी मुझे होगी।"

चार दिन बाद वह फिर आया। बूढ़ी औरत अपने दरवाजे के बाहर बैठी अपने सूप के लिए डबल रोटी काट रही थी।

वह उसके पास गया और अपना मुँह उसके मुँह के पास ले गया, ताकि उसकी साँस को सूँघ सके। जब उसे शराब की गंध आई तो वह बहुत खुश हुआ।

"मैं समझता हूँ कि तुम मुझे उस खास चीज का एक गिलास तो दोगी ही न?" उसने कहा और उन दोनों ने तीन-तीन गिलास शराब पी।

लेकिन जल्दी ही बाहर यह कानाफूसी होने लगी कि मदर मैगलॉयर को अकेले ही पीने की आदत हो गई है। वह धुत हो जाती है। उसे उसकी रसोई में, फिर उसके आँगन में, फिर इलाके की सड़कों पर से उठाया गया और अकसर लट्ठे की तरह उसके घर पहुँचाया गया।

शीको अब उसके पास नहीं जाता था और जब लोग उससे उसके बारे में बात करते तो वह परेशान सा कहता था—"यह सचमुच अफसोस की बात है कि उसने इस उम्र में पीने की आदत पाली; लेकिन जब लोग बूढ़े हो जाते हैं तो उनका कोई इलाज नहीं हो सकता। यह शराब तो कुछ समय में उसकी मौत बन जाएगी।"

यह सचमुच उसकी मौत बन गई। अगली सर्दी में वह मर गई। क्रिसमस के आसपास वह बेहोश होकर बर्फ में गिर गई और अगली सुबह मृत पाई गई।

जब शीको फॉर्म का कब्जा लेने आया तो उसने कहा, "बहुत बेवकूफी की उसने; अगर उसने पीना न शुरू किया होता तो अभी दस साल तो जरूर जीती।"

□

वह?

मेरे प्यारे दोस्त! तुम कहते हो तुम्हारी समझ में यह बात नहीं आ रही है। मैं तुम पर पूरा विश्वास करता हूँ। तुम सोचते हो, मैं पागल हो रहा हूँ? शायद यह सही है, लेकिन तुम जो सोचते हो, उन कारणों से नहीं।

हाँ, मैं शादी करने जा रहा हूँ। तुम्हें बताऊँगा कि मैं यह कदम क्यों उठा रहा हूँ।

मेरे विचार और मेरा विश्वास बिलकुल भी नहीं बदले हैं। मैं तमाम वैध सहवास को निहायत बेवकूफी समझता हूँ। मेरा विश्वास है कि दस में से नौ पति अकसर एक कुलटा पत्नी से बँधे होते हैं और उन्हें उससे अधिक कुछ भी नहीं मिलता, जो उन्हें मिलना चाहिए था। उन्होंने मूर्ख बनते हुए अपनी जिंदगी को जंजीरों में जकड़ लिया है और प्यार में अपनी आजादी को त्याग दिया है, जो दुनिया की इकलौती सुखद और अच्छी चीज है। उन्होंने कल्पना के उन पंखों को कतर दिया है, जो हमें लगातार तमाम औरतों की तरफ ले जाते हैं। तुम जानते हो, मैं क्या कहना चाहता हूँ। मैं पहले से भी अधिक इस बात को महसूस करता हूँ कि मैं एक अकेली औरत को प्यार करने में असमर्थ हूँ, क्योंकि मैं और तमाम औरतों को बेहद प्यार करूँगा। मैं तो चाहता हूँ कि मेरे एक हजार हाथ होते, हजार मुँह और हजार 'स्वभाव' होते, ताकि मैं एक ही समय में इन सुंदरियों की पूरी फौज को अपने आलिंगन में भींच लेता।

फिर भी मैं शादी करने जा रहा हूँ!

मैं यह भी बता दूँ कि मैं उस लड़की के बारे में बहुत ही कम जानता हूँ, जो कल मेरी पत्नी बनने जा रही है। मैंने उसे बस चार या पाँच बार देखा है। मैं जानता हूँ कि उसमें कुछ भी अरुचिकर नहीं है। मेरे मकसद के लिए यह काफी है। वह

छोटी, गोरी और हट्टी-कट्टी है, इसलिए परसों मैं बेशक एक लंबी, काली और पतली औरत की व्यग्रता से कामना करूँगा।

वह अमीर नहीं है, मध्यम वर्ग की है। वह उन लड़कियों में से है, जो तुम्हें थोक में मिल जाएँगी, जो शादी-ब्याह के लिए ही बनी होती हैं। जिनमें कोई स्पष्ट दोष दिखाई नहीं देते और कोई असाधारण गुण भी नहीं होते। लोग उसके बारे में कहते हैं, 'कुमारी लाजोल बहुत अच्छी लड़की है,' और कल वे कहेंगे, 'कितनी अच्छी महिला है श्रीमती रेमो।' संक्षेप में कहूँ तो वह उन अनगिनत लड़कियों में से है, जो उस क्षण के आने तक हमारी बहुत अच्छी पत्नियाँ बनी रहती हैं। जब हमें यह पता चलता है कि हमने जिस खास औरत से शादी की है, उससे अधिक तो हम बाकी तमाम औरतों को पसंद करते हैं।

'देखो!' तुम मुझसे कहोगे, 'आखिर तुम शादी करते ही किसलिए हो?'

मैं तो तुम्हें बताना भी नहीं चाहता, उस अजीब और लगभग असंभव कारण के बारे में, जिसने मुझे बेतुके काम के लिए बाध्य किया। बहरहाल, सच यह है कि मुझे अकेला रहने में डर लगता है!

समझ में नहीं आ रहा कि तुम्हें कैसे बताऊँ या अपनी बात तुम्हें कैसे समझाऊँ, लेकिन मेरी दिमागी हालत इतनी भयंकर है कि तुम्हें मुझ पर तरस आएगा और मुझसे घृणा भी होगी।

अब मैं रात में और अकेला नहीं रहना चाहता। मैं यह महसूस करना चाहता हूँ कि मेरे पास कोई है, जो मुझे छू रहा है, ऐसा कोई जो कुछ बोल सकता है और कह सकता है, चाहे वह कुछ भी हो।

मैं चाहता हूँ कि मेरी बगल में कोई हो, जिसे मैं जगा सकूँ, ताकि मैं इच्छा होने पर उससे अचानक कोई सवाल भी कर सकूँ, ताकि मैं एक इनसानी आवाज सुन सकूँ और यह महसूस कर सकूँ कि मेरे पास कोई जागा हुआ है। ऐसा कोई जिसकी सूझ-बूझ काम कर रही है, ताकि जब मैं जल्दबाजी में मोमबत्ती जलाऊँ तो मैं अपने बराबर में कोई इनसानी चेहरा देख सकूँ, क्योंकि मुझे स्वीकार करते शर्म आ रही है; क्योंकि मुझे अकेले में डर लगता है।

अरे, तुम अभी भी मेरी बात नहीं समझे।

मैं किसी खतरे से नहीं डरता; अगर कोई आदमी मेरे कमरे में आ जाए तो मैं बिना काँपे उसे मार डालूँ। मुझे भूतों से डर नहीं लगता और मैं अलौकिकता में भी विश्वास नहीं करता। मुझे मुरदा लोगों से डर नहीं लगता, क्योंकि मेरा मानना है कि जो इस धरती की सतह से गायब होता है, वह पूरी तरह से नष्ट हो जाता है।

देखो, हाँ देखो, यह तो बताना ही होगा; मुझे अपने आपसे डर लगता है, डर लगता है अबूझ भय के उस भयावह भाव से।

तुम चाहो तो हँस सकते हो। यह भयंकर है और मैं इससे उबर नहीं पा रहा हूँ। मुझे दीवारों से, फर्नीचर से, जानी-पहचानी चीजों से डर लगता है तो जहाँ तक मेरा सवाल है, एक तरह के जैविक जीवन से सभी अनुप्राणित हैं। सबसे बड़ी बात तो मैं अपने ही भयंकर खयालों से, अपनी सूझ-बूझ से डरता हूँ। ऐसा लगता है मानो एक रहस्यमय और अदृश्य पीड़ा मुझे छोड़ने वाली हो।

पहले तो मैं अपने मन में एक अस्पष्ट सी बेचैनी महसूस करता हूँ, जिसके कारण मेरे पूरे शरीर में ठंड की एक झुरझुरी दौड़ जाती है। मैं इधर-उधर देखता हूँ। बेशक मुझे कुछ दिखाई नहीं देता, मेरा मन करता है कि वहाँ कुछ हो, चाहे कुछ भी हो, बस कुछ ऐसा हो जो मूर्त हो। मैं डरता हूँ, इसलिए कि मैं अपने ही भय को नहीं समझ पाता।

अगर मैं बोलता हूँ तो मुझे अपनी ही आवाज से डर लगता है। अगर मैं टहलता हूँ तो न जाने किस चीज से डरता हूँ, दरवाजे के पीछे, परदों के पीछे, आलमारी में या मेरे पलंग के नीचे और फिर भी सारा समय मुझे पता रहता है कि कहीं कुछ भी नहीं है, मैं अचानक पीछे घूम जाता हूँ, क्योंकि मुझे उससे डर लगता है, जो मेरे पीछे है, हालाँकि वहाँ कुछ भी नहीं होता है और मुझे यह पता होता है।

मैं व्यग्र हो जाता हूँ। मुझे लगता है मेरा डर बढ़ रहा है, इसलिए मैं अपने आपको अपने कमरे में बंद कर लेता हूँ, बिस्तर में घुस जाता हूँ और कपड़ों के नीचे छिप जाता हूँ, वहाँ दुबककर गठरी बन जाता हूँ और निराशा में अपनी आँखें बंद कर लेता हूँ। न जाने मैं कितनी देर तक ऐसे ही रहता हूँ। मुझे याद आता है कि मेरी मोमबत्ती मेरे पलंग के पास मेज पर जल रही है और मुझे इसे बुझा देना चाहिए, फिर भी ऐसा करने की मेरी हिम्मत नहीं होती!

ऐसा होना बहुत भयंकर है, क्यों—है न?

पहले मैं इस सबके बारे में कुछ भी नहीं सोचता था। मैं बड़े आराम से घर आता था और अपने कमरों में चहलकदमी करता था। मेरे मन की शांति को कोई भी चीज भंग नहीं करती थी। अगर कोई मुझसे कहता कि मुझ पर अत्यंत असंभाव्य बीमारी का हमला होगा, क्योंकि इसे मैं बीमारी के अलावा और कुछ कह नहीं सकता तो ऐसी बकवास और भयंकर बीमारी की बात सुनकर मैं खूब हँसता था। मैं सचमुच अँधेरे में दरवाजा खोलने से कभी नहीं डरता था; मैं इसे बिना बंद किए धीरे-धीरे अपने पलंग पर सोने जाता था और बीच रात में कभी यह पक्का करने

के लिए नहीं उठता था कि सबकुछ कसकर बंद तो था।

इसकी शुरुआत पिछले साल बड़े अजीब ढंग से पतझड़ की एक नम शाम को हुई। मेरे खाना खाने के बाद जब मेरा नौकर कमरे से चला गया तो मैंने अपने आपसे पूछा कि मैं अब क्या करूँगा? मैं कुछ देर तक अपने कमरे में चहलकदमी करता रहा; मैं अकारण ही थका हुआ महसूस कर रहा था, काम करने में असमर्थ था, पढ़ने की हिम्मत भी मुझमें नहीं थी। अच्छी बारिश हो रही थी और मैं दुखी महसूस कर रहा था। मैं आकस्मिक हताशा के उस दौरे से पीड़ित था, जिसके कारण हमें चिल्लाने का या चाहे किसी से भी बात करने का मन होता है, ताकि हम अपने अवसादी विचारों को झटक सकें।

मुझे लगा, मैं अकेला हूँ और मेरे कमरे मुझे पहले के मुकाबले अधिक खाली लगे। एक अनंत और बेहद अकेलेपन के अहसास ने मुझे घेर लिया। क्या करता मैं? मैं बैठ गया, लेकिन फिर एक तरह की घबराहट भरी अधीरता ने मेरी टाँगों को हिला दिया। इस तरह मैं उठकर दोबारा टहलने लगा। मुझे हरारत हो रही थी, क्योंकि जैसा कि धीरे-धीरे टहलते समय होता है, मैंने अपने हाथ पीछे बाँध रखे थे और वे जैसे एक-दूसरे को जला रहे थे, फिर अचानक मेरी पीठ पर ठंड की एक झुरझुरी दौड़ गई। मैंने सोचा कि नम हवा मेरे कमरे में घुस आई होगी, इसलिए उस साल मैंने पहली बार आग जलाई, फिर से बैठ गया और लपटों को देखने लगा, लेकिन जल्दी ही मुझे लगा कि मेरे लिए शांत बने रहना संभव नहीं था। मैं फिर से उठ गया। मैंने ठान लिया कि मैं बाहर जाऊँगा, अपने आपको संयत करूँगा और साथ के लिए कोई दोस्त तलाशूँगा।

मुझे कोई नहीं मिल पाया, इसलिए मैं बड़ी सड़क पर चला गया कि कोशिश करके किसी परिचित या किसी और से मिलूँ।

मैं हर कहीं अभागा ही रहा। गीला खड़ंजा गैस की रोशनी में चमक रहा था, जबकि लगभग अमूर्त बारिश की आततायी धुंध सड़कों पर भारी सी पसरी थी और बत्तियों की रोशनी को जैसे धुँधला कर रही थी।

मैं धीरे-धीरे आगे बढ़ता रहा। मैं मन-ही-मन कहता जा रहा था, 'मुझे एक भी प्राणी नहीं मिलेगा बात करने को?'

मैंने मादलेन से लेकर दूर फोबूर प्वासोंयेर तक कितने ही कैफे झाँक लिये। वहाँ मुझे मेजों पर बैठे अनेक व्यक्ति दिखाई दिए, जो दुखी लग रहे थे, उनमें इतनी हिम्मत भी नहीं थी कि उन्होंने जो कुछ खाने-पीने को मँगाया था, उसे खत्म कर लें।

काफी देर तक मैं निरुद्देश्य इधर से उधर घूमता रहा और लगभग आधी रात को मैं घर के लिए रवाना हुआ। मैं बहुत शांत और बहुत थका हुआ था। मेरे दरबान ने फौरन दरवाजा खोल दिया, जो उसके लिए असामान्य बात थी। मैंने सोचा कि बेशक वहाँ रहनेवाला कोई और व्यक्ति अभी-अभी अंदर आया था।

बाहर जाते समय मैं अपने कमरे के दरवाजे में हमेशा दो बार ताला लगाता हूँ, लेकिन इस समय मैंने देखा कि वह बस बंद था और इस पर मुझे आश्चर्य हुआ, लेकिन मैंने सोचा कि शायद इस दौरान शाम को मेरी डाक आई होगी।

मैं अंदर गया तो देखा कि आग अभी भी जल रही थी और इससे कमरा थोड़ा रोशन हो रहा था। मोमबत्ती उठाते समय मैंने गौर किया कि आग के पास रखी मेरी आरामकुरसी पर कोई बैठा अपने पाँव ताप रहा था, उसकी गरदन मेरी तरफ थी।

मैं बिलकुल भी नहीं डरा। स्वाभाविक तौर पर मैंने यही सोचा कि कोई दोस्त या कोई और मुझसे मिलने आया था। बेशक उस दरबान ने ही उसे मेरी चाबी दे दी होगी, जिसे मैंने जाते समय अपने जाने के बारे में बताया था। एक पल में अपने लौटने की सारी परिस्थितियों को याद कर गया मैं कि कैसे मुख्य दरवाजा तुरंत खोल दिया गया था और मेरा अपना दरवाजा बस बंद था और उसमें ताला नहीं लगा था।

मैं अपने दोस्त का बस सिर ही देख पा रहा था। जरूर वह मेरा इंतजार करते-करते सो गया था, इसलिए मैं उसे जगाने के लिए उसके पास गया। मैं उसे बिलकुल स्पष्ट देख रहा था; उसका दाहिना हाथ नीचे लटक रहा था और उसके पैर एक के ऊपर एक रखे थे, जबकि उसका सिर आरामकुरसी के बाईं ओर थोड़ा झुका हुआ था, उससे पता चलता था कि वह सोया हुआ है। 'कौन हो सकता है यह ?' मैंने अपने आपसे सवाल किया। मैं साफ-साफ देख नहीं पा रहा था, क्योंकि कमरा थोड़ा अँधेरे में डूबा था। इसलिए मैंने उसका कंधा छूने के लिए हाथ बढ़ाया और कुरसी की पीठ से टकराया। वहाँ कोई नहीं था; कुरसी खाली थी।

मैं डर के मारे उछल गया। एक पल को तो मैं पीछे हट गया, मानो कोई भयंकर खतरा मेरे रास्ते में अचानक आ गया हो, फिर मुझे आरामकुरसी को दोबारा देखने की धृष्टतापूर्ण इच्छा हुई और मैं फिर पीछे घूम गया। मैं सीधा खड़ा-का-खड़ा रह गया, डर से हाँफता हुआ, इतना घबराया हुआ कि मैं अपने विचारों को संयत भी नहीं कर पाया और गिरने ही वाला था।

स्वभाव से मैं एक शांत व्यक्ति हूँ और मैंने जल्दी ही अपने आपको सँभाल

लिया। मैंने सोचा, 'यह बस एक दृष्टि-भ्रम है; और कुछ नहीं।' और मैंने तुरंत इस घटना पर सोचना शुरू कर दिया। ऐसे पलों में खयाल बहुत तेजी से दौड़ते हैं।

मैं दृष्टि-भ्रम से ग्रस्त था; यह एक निर्विवाद सत्य था। मेरा दिमाग बिलकुल साफ था और दिमाग में तो कोई गड़बड़ी नहीं थी। बस मेरी आँखें ही थीं, जो धोखा खा गई थीं; उन्हें साक्षात् दर्शन हुआ था, ऐसा दर्शन जिसके कारण सीधे-सादे लोग चमत्कारों में विश्वास करने लग जाते हैं। यह आँखों के साथ हुआ एक हादसा था और कुछ नहीं; आँखें कुछ ज्यादा ही थक गई थीं शायद।

मैंने मोमबत्ती जला ली। ऐसा करते हुए जब मैं आग की तरफ झुका तो मैंने गौर किया कि मैं काँप रहा था और फिर मैं कूदकर खड़ा हो गया, जैसे किसी ने पीछे से मुझे छू दिया था।

मैं सचमुच बिलकुल भी आश्वस्त नहीं हुआ था।

मैं थोड़ी चहलकदमी करने लगा और एक-दो धुन गुनगुनाने लगा, फिर मैंने अपने कमरे में दो बार ताला लगाया और थोड़ा आश्वस्त महसूस करने लगा; कम-से-कम अब कोई अंदर नहीं आ सकता था।

मैं फिर बैठ गया और देर तक अपनी इस अनहोनी के बारे में सोचता रहा, फिर मैं सोने चला गया और अपनी बत्ती बुझा दी।

कुछ मिनट सबकुछ ठीक-ठाक रहा; मैं पीठ के बल शांत लेटा रहा, फिर मुझे कमरे में निगाह डालने की अदम्य इच्छा हुई और मैं करवट बदलकर लेट गया।

मेरी आग लगभग बुझ चुकी थी और थोड़े से दमकते अंगारे फर्श पर कुरसी के पास एक हलकी रोशनी डाल रहे थे, जहाँ मुझे लगा कि वह आदमी फिर से बैठा हुआ है।

मैंने जल्दी से माचिस की तीली जलाई, लेकिन मुझे धोखा हुआ था, क्योंकि वहाँ कुछ भी नहीं था। बहरहाल, मैं उठ गया और कुरसी को मैंने अपने पलंग के पीछे छिपा दिया और सोने की कोशिश करने लगा, क्योंकि कमरे में अब अँधेरा था, लेकिन मुझे अपने आपको भूले हुए अभी पाँच मिनट से ज्यादा भी नहीं हुए थे कि मैंने उस पूरे दृश्य को अपने सपने में इतना स्पष्ट देखा, जैसे हकीकत हो। मैं चौंककर जाग गया और मोमबत्ती जलाकर बिस्तर में बैठ गया। मुझे फिर से सोने की कोशिश करने की, सोने की हिम्मत नहीं हुई।

लेकिन फिर नींद ने मुझे मेरी तमाम कोशिश के बावजूद कुछ पलों के लिए दोबारा आ घेरा और दो बार मुझे फिर वही दिखाई दिया। फिर मुझे लगा, मैं पागल

हो रहा हूँ, लेकिन जब भोर हुई तो मुझे लगा, मैं ठीक हो गया हूँ और फिर दोपहर तक मैं चैन से सोया।

सबकुछ बीत चुका था, खत्म हो चुका था। मुझे हरारत हो रही थी, मैंने बुरा सपना देखा था; मुझे नहीं पता वह क्या था। थोड़े शब्दों में कहूँ तो मैं बीमार हो गया था, लेकिन फिर भी मैं सोच रहा था कि मैं बड़ा बेवकूफ था।

उस शाम मैंने खूब मजा किया; मैंने एक रेस्तराँ में जाकर खाना खाया। उसके बाद मैं थिएटर गया और फिर घर के लिए चल पड़ा, लेकिन जब मैं मकान के पास पहुँचा तो एक बार फिर बेचैनी के एक अजीब अहसास ने मुझे जकड़ लिया; मैं उसे फिर से देखने से डर रहा था। मुझे उसका डर नहीं था, उसकी मौजूदगी का डर नहीं था, क्योंकि उसमें मुझे विश्वास ही नहीं था, बल्कि मुझे तो दोबारा धोखा खाने का डर था। मुझे किसी नए दृष्टि-भ्रम का डर था, डर था कि कहीं डर मुझ पर हावी न हो जाए।

एक घंटे से भी ज्यादा समय तक मैं खड़ंजे पर इधर-से-उधर घूमता रहा, फिर मैंने सोचा कि मैं सचमुच बेहद मूर्ख था और मैं घर लौट पड़ा। मैं इतना हाँफ रहा था कि मुश्किल से सीढ़ियाँ चढ़ पाया और दस मिनट से भी ज्यादा समय तक अपने दरवाजे के बाहर खड़ा रहा, फिर अचानक मैंने हिम्मत की और अपने आपको सँभाला। मैंने ताले में चाबी लगाई और एक मोमबत्ती पकड़कर अंदर आ गया। मैंने अपने सोने के कमरे के अधखुले दरवाजे को लात मारकर खोला और डरे-डरे आतिशदान की तरफ देखा; वहाँ कुछ नहीं था। आह!

कैसी राहत और कैसा आनंद! कैसी मुक्ति! मैं तेज-तेज कदमों से और हिम्मत के साथ चहलकदमी करने लगा, लेकिन मैं पूरी तरह से आश्वस्त नहीं था और बार-बार चौंककर पीछे घूम जाता था। कोनों की छायाएँ तक मुझे अशांत कर रही थीं।

मुझे ठीक से नींद नहीं आई और काल्पनिक आवाजें मुझे लगातार परेशान करती रहीं, लेकिन मैंने उसे नहीं देखा; नहीं, वह सब अब खत्म हो चुका था।

तब से मैं रात में अकेला होने से डरता रहा हूँ। मुझे लगता है कि वह छाया वहाँ मेरे नजदीक है, मेरे आसपास है, लेकिन उसके बाद से मेरे साथ फिर वैसा नहीं हुआ है। मान लो कि ऐसा होता भी तो उससे क्या होता, क्योंकि मैं उसमें विश्वास ही नहीं करता और जानता हूँ कि यह कुछ नहीं है।

बहरहाल, यह मुझे चिंतित तो अभी भी करता है, क्योंकि मैं इसके बारे में लगातार सोचता रहता हूँ—उसका दाहिना हाथ नीचे लटक रहा था और उसका

सिर किसी सोए हुए आदमी की तरह बाईं ओर को झुका हुआ था। बहुत हो गया, ईश्वर के नाम पर! मैं इस बारे में सोचना नहीं चाहता!

लेकिन आखिर यह खयाल मुझ पर लगातार इतना हावी क्यों है? उसके पाँव आग के नजदीक थे!

वह मेरा पीछा करता है; यह बहुत मूर्खतापूर्ण है, लेकिन यह ऐसा ही है। कौन और क्या है 'वह'? मैं जानता हूँ कि मेरी कायरतापूर्ण कल्पना, मेरे भय और मेरी पीड़ा के सिवा उसका कहीं कोई वजूद नहीं है! वहाँ—बस बहुत हो गया!

हाँ, मेरे लिए बहुत अच्छा है यह कि मैं अपने आपसे तर्क करूँ, अपने आपको कड़ा कर लूँ, लेकिन मैं घर में नहीं रह सकता, क्योंकि मैं जानता हूँ कि वह वहाँ है। मैं जानता हूँ, मैं उसे फिर से नहीं देखूँगा; वह अपने आपको फिर से नहीं दिखाएगा; वह सब बीत चुका है, लेकिन वह फिर भी मेरे खयालों में है। वह अदृश्य रहता है, लेकिन उससे उसका वहाँ होना रुक नहीं जाता। वह दरवाजों के पीछे होता है, बंद अलमारियों में होता है, कपड़ों की आलमारी में होता है, पलंग के नीचे होता है, हरेक अँधेरे कोने में होता है। मैं अगर दरवाजे या आलमारी को खोलता हूँ, मैं अगर पलंग के नीचे देखने के लिए मोमबत्ती लेता हूँ और अँधेरी जगहों में रोशनी डालता हूँ तो वह वहाँ फिर नहीं होता, लेकिन मुझे लगता है कि वह मेरे पीछे है। मैं पीछे घूम जाता हूँ, मुझे विश्वास होता है कि मैं उसे नहीं देखूँगा। मैं उसे फिर कभी नहीं देखूँगा, लेकिन वह फिर भी मेरे पीछे होता है। यह बहुत मूर्खतापूर्ण है। यह भयावह है, लेकिन मैं क्या करूँ? मैं विवश हूँ इस मामले में। अगर उस जगह हम दो होंगे तो मेरा पूरा विश्वास है कि वह फिर वहाँ नहीं रह पाएगा, क्योंकि वह वहाँ केवल इसलिए है, क्योंकि मैं अकेला हूँ। सिर्फ और सिर्फ इसलिए क्योंकि मैं अकेला हूँ!

□

शादी की रात

मेरी प्यारी जेनवीव, तुमने मुझसे कहा है कि मैं तुम्हें अपने हनीमून के सफर के बारे में बताऊँ। तुमने सोच कैसे लिया कि मैं इसकी हिम्मत भी करूँगी? आह मक्कार! तुमने मुझे कुछ भी नहीं बताया, तुमने मुझे कुछ अनुमान भी नहीं करने दिया—लेकिन वहाँ! किसी से कुछ भी नहीं।

अब तुम्हारी शादी को अट्ठारह महीने हो चुके हैं। हाँ, अट्ठारह महीने। तुम मेरी सबसे अच्छी दोस्त, जो पहले कहती थी कि तुम मुझसे कुछ नहीं छिपा सकतीं और तुममे इतनी उदारता भी नहीं रही कि मुझे आगाह कर देतीं। काश! तुम बस इशारा ही कर देतीं। काश! तुमने मुझे होशियार ही कर दिया होता। काश! तुमने मेरे मन में एक हलका, मामूली सा शक ही पैदा कर दिया होता। तुमने मुझे उस विचित्र भयंकर भूल करने से रोक लिया होता, जिस पर मैं आज भी शर्मसार हो जाती हूँ और जिस पर मेरे पति अपने मरते दम तक हँसेंगे। अकेली तुम ही जिम्मेदार हो इसके लिए! मैंने अपने आपको भयंकर रूप से हमेशा के लिए हास्यास्पद बना लिया है। मैंने ऐसी भूल की है, जो स्मृति से कभी नहीं मिटती और यह सब तुम्हारी गलती से, दुष्ट! ओह! काश मैं जानती होती!

रुको! मुझे लिखने से हिम्मत मिल रही है और मैंने तय कर लिया है कि मैं तुम्हें सब कुछ बता दूँगी लेकिन वादा करो, तुम बहुत ज्यादा नहीं हँसोगी और किसी प्रहसन की उम्मीद मत करना। यह एक नाटक है।

तुम्हें मेरी शादी की याद है। मुझे उसी शाम हनीमून के सफर पर निकलना था। बेशक मैं पॉलेट जैसी बिलकुल भी नहीं थी, जिसके बारे में जीप ने हमें अपने आध्यात्मिक रोमांस के हास्यकर विवरण 'एबाउट मैरिज' में बताया है। अगर मेरी माँ ने मुझसे वही कहा होता, जो मैडम ओत्रेतां ने अपनी बेटी से कहा था, 'तुम्हारा

पति तुम्हें अपनी बाँहों में लेगा और।' तो मैंने सचमुच पॉलेट की तरह हँसते हुए जवाब नहीं दिया होता कि 'और आगे मत बताओ माँ, आपकी तरह मुझे भी सब पता है।'

जहाँ तक मेरा सवाल है तो, मुझे कुछ भी नहीं पता और माँ, मेरी बेचारी माँ, जो हमेशा डरी रहती हैं, इस नाजुक मसले को उठाने की हिम्मत ही नहीं करतीं।

हाँ, तो शाम को पाँच बजे, नाश्ते के बाद, उन्होंने हमें बताया कि गाड़ी इंतजार कर रही है। मेहमान जा चुके थे; मैं तैयार थी। मेरे कानों में अभी भी गूँजती है सीढ़ियों पर, वह संदूकों की आवाज और पापा का वह नाक छिनकना, जो इस बात का संकेत था कि वह रो रहे थे। मुझे सीने से लगाते हुए उन्होंने कहा था—

'हिम्मत रखना!' मानो मैं दाँत निकलवाने जा रही थी। जहाँ तक माँ का सवाल है तो उनका तो फुहारा चल रहा था। मेरे पति मुझे कष्टपूर्ण विदाई की इन रस्मों को जल्दी से निबटाने को कह रहे थे और मैं खुद आँसुओं में डूबी थी। हालाँकि बहुत खुश थी। इसे समझाना आसान नहीं है, लेकिन है यह बिलकुल सच। अचानक मुझे लगा, कोई मेरी पोशाक खींच रहा है। यह बीजू था, जिसे सुबह से बिलकुल भुला ही दिया गया था। बेचारा अपने अंदाज में मुझे विदा कह रहा था। इससे मेरे दिल को हलका सा झटका लगा और मुझे अपने कुत्ते को सीने से लगाने की तीव्र इच्छा हुई। मैंने उसे पकड़ लिया (तुम्हें तो याद है, वह मुट्‌ठी बराबर है) और उसे बेतहाशा चूमने लगी। मुझे जानवरों को सहलाना बहुत अच्छा लगता है। इससे मुझे मधुर आनंद मिलता है और मुझे एक तरह की सुखद कँपकँपी होती है।

जहाँ तक उसका सवाल है तो वह बिलकुल पागल जैसा हो रहा था। वह अपने पंजों को लहरा रहा था, मुझे चाट रहा था और दाँत मार रहा था, जैसा कि वह बहुत संतुष्ट होने पर करता है। अचानक उसने मेरी नाक को अपने दाँतों में ले लिया और मुझे लगा, उसने सचमुच मुझे काट लिया है। मैंने धीमे से चीख निकाली और कुत्ते को नीचे छोड़ दिया। उसने काट तो लिया था, लेकिन खेल-खेल में। सारे लोग परेशान हो गए। वे पानी, सिरका और सूती कपड़े के कुछ टुकड़े लेकर आए। मेरे पति ने खुद दवा की। आखिर कुछ नहीं हुआ था, बस उसके दाँतों से तीन छोटे-छोटे छेद बन गए थे। पाँच मिनट बाद खून बंद हो गया और हम चल दिए।

तय यह हुआ था कि हम करीब छह हफ्तों के लिए नॉरमंडी होते हुए सफर पर जाएँगे।

उस शाम हम डीएप पहुँचे। शाम से मेरा मतलब आधी रात है।

तुम्हें तो पता ही है, मुझे समुद्र कितना अच्छा लगता है। मैंने अपने पति से

कह दिया कि जब तक उसे देख नहीं लेती, सोने नहीं जाऊँगी। वह जैसे इसके विपरीत सोच रहे थे। मैंने हँसते हुए उनसे पूछा कि क्या नींद आ रही है?

उन्होंने जवाब दिया, 'नहीं मेरी जान, लेकिन तुम्हें जरूर समझना चाहिए कि मैं तुम्हारे साथ अकेला होना चाहूँगा।'

मुझे आश्चर्य हुआ। 'मेरे साथ अकेले?' मैंने जवाब दिया, 'लेकिन आप पेरिस से सारे रास्ते ट्रेन में मेरे साथ अकेले ही तो थे।'

वह हँस दिए, 'हाँ, लेकिन ट्रेन में वह हमारे कमरे में होने से बिलकुल अलग है।'

मैं हार मानने वाली नहीं थी, 'अच्छा-अच्छा! ठीक है।' मैंने कहा, 'हम समुद्र किनारे अकेले होंगे और इससे ज्यादा कुछ नहीं हो सकता!'

तय था कि वह खुश नहीं थे। उन्होंने कहा, 'ठीक है, जैसा तुम चाहो।'

वह रात भव्य थी, वह उन रातों में से थी, जो मन में शानदार, अस्पष्ट विचार लाती है, खयालों से अधिक शायद सनसनी लाती है, जो यह इच्छा लाती है कि अपनी बाँहें इस तरह ख़ोलें, जैसे वे पंख हों और आसमान को बाँहों में भर लें, लेकिन कैसे व्यक्त कर सकती हूँ मैं इसे? हमें हमेशा ऐसा लगता है कि इन अज्ञात चीजों को समझा जा सकता है।

वातावरण में एक स्वप्निलता थी, एक कविता थी, एक अलग तरह की खुशी थी, जो धरती पर नहीं होती, एक तरह का अनंत नशा था, जो सितारों, चाँद, रुपहले, चमकते पानी से आता है। ये जीवन के सर्वश्रेष्ठ क्षण होते हैं। वे एक अलग अस्तित्व, एक अलंकृत, रोचक अस्तित्व की झलक होते हैं। वे उसकी अभिव्यक्ति हैं, जो हो सकता है या शायद जो होगा।

फिर भी, मेरे पति लौटने को अधीर लग रहे थे। मैंने उनसे कहा, 'आपको ठंड लगी है क्या?'

'नहीं।'

'तो फिर वहाँ उस छोटी सी नाव को देखिए, जो पानी पर सोई सी लगती है। क्या इससे अच्छा भी कुछ हो सकता है? मैं तो यहाँ खुशी-खुशी भोर होने तक रुकूँगी। बताइए, क्या हम यहाँ रुककर भोर की लालिमा को देखेंगे?'

उन्होंने शायद सोचा कि मैं उनका मजाक उड़ा रही हूँ और बहुत जल्दी ही वह मुझे जबरदस्ती होटल वापस ले गए! काश मैं जानती होती! ओह, बेचारे वह!

जब हम अकेले हो गए तो न जाने क्यों, मुझे शर्म महसूस हुई, जैसे मेरे साथ जबरदस्ती हुई हो। कसम खाकर कहती हूँ मैं। आखिर में मैंने उन्हें बाथरूम में

भेज दिया और खुद बिस्तर में घुस गई।

ओह, मेरी प्यारी, आगे कैसे बताऊँ? खैर, कहे देती हूँ।

इसमें कोई शक नहीं कि उन्होंने मेरी मासूमियत को शरारत समझा, मेरी बेहद सादगी को बदचलनी समझा, मेरी विश्वासपूर्ण बेपरवाही को किसी तरह की चालबाजी समझा और उस नाजुक बंदोबस्त की तरह कोई ध्यान नहीं दिया था, जो इसलिए जरूरी होता है कि जो व्यक्ति इसके लिए बिलकुल भी तैयार नहीं हो, वह इन रहस्यों को समझे और स्वीकार कर सके।

अचानक मुझे विश्वास हो गया कि उनका दिमाग खराब हो गया है, फिर भय ने मुझे जकड़ लिया। मैंने उनसे पूछा कि मुझे मारना चाहते हैं क्या? जब आतंक का आक्रमण होता है तो व्यक्ति तर्क नहीं करता, आगे नहीं सोचता; वह पागल हो जाता है। एक सेकंड में मैंने न जाने क्या-क्या भयावह कल्पनाएँ कर डाली थीं। मैंने अखबारों में छपने वाली तमाम तरह की कहानियों के बारे में, रहस्यमय अपराधों के बारे में, कमबख्त मरदों से ब्याही कमसिन लड़कियों को लेकर होने वाली कानाफूसी के बारे में सोच डाला! मैं उनसे लड़ पड़ी, उन्हें दूर छिटका दिया, डर मुझ पर हावी हो गया। मैंने उनकी मूँछ का एक बाल भी उखाड़ दिया और इस कोशिश से आजाद होकर मैं उठ गई और 'बचाओ! बचाओ!' चिल्लाती हुई दरवाजे की तरफ भागी, मैंने सिटकनी खोली और लगभग नंगी ही जल्दी-जल्दी सीढ़ियाँ उतर गई।

दूसरे दरवाजे खुल गए। नाइट ड्रेस पहने आदमी हाथों में बत्तियाँ लिये दिखाई दिए। मैं उनमें से एक आदमी की बाँहों में जा गिरी, उससे सुरक्षा की गुहार करने लगी। उसने मेरे पति पर हमला कर दिया।

इससे अधिक इस बारे में मुझे कुछ पता नहीं रहा। वे लड़ पड़े और चिल्लाए; फिर वे हँस पड़े, इस अंदाज में हँसे कि तुम कभी कल्पना भी नहीं कर सकतीं। तहखाने से लेकर दुछत्ती तक, वहाँ रह रहे सारे लोग हँसने लगे। मैंने अपने आसपास के कमरों और गलियारों में हँसी के ठहाके सुने। रसोई में काम करनेवाली छत के नीचे हँस रही थी और चपरासी ड्योढ़ी में अपनी बेंच पर हँस-हँसकर दोहरा हुआ जा रहा था।

जरा सोचो तो! एक होटल में!

जल्दी ही मैं अपने पति के साथ अकेली थी। उन्होंने मुझे सरसरी तौर पर थोड़ा-बहुत समझाया, जैसे कोई ऑपरेशन होने से पहले उसके बारे में समझाता है। वह बिलकुल भी संतुष्ट नहीं थे। मैं भोर का प्रकाश होने तक रोती रही और

दरवाजा खुलते ही हम चल दिए।

बात यहीं खत्म नहीं होती। अगले दिन हम पूरविल पहुँचे, जो स्नान के लिए महज एक कच्चा घाट है। मेरे पति ने मेरी छोटी-छोटी बातों पर खूब ध्यान दिया और मेरी खूब परवाह की, खूब प्यार दिखाया। उस पहली गलतफहमी के बाद वह सम्मोहित दिखाई दे रहे थे। पिछली शाम की अपनी उस करतूत पर शर्मिंदा और अत्यंत दुखी भी। मैं भी अपनी कोशिश पर शांत और सीधी हो गई थी, लेकिन तुम अंदाजा नहीं लगा सकती कि जब मुझे उस बदनाम रहस्य के बारे में पता चला, जिसे ये लोग कमसिन लड़कियों से छिपाते हैं तो हेनरी को लेकर मुझमें कितना आतंक, कितनी अरुचि और लगभग घृणा पैदा हो गई। मैं निराश हो गई, मौत सी उदास हो गई और हरेक बात पर ध्यान देने लगी। अपने बेचारे माता-पिता के पास होने की चाह ने मुझे खूब सताया। अगले दिन के बाद हम एट्रिएट पहुँचे। सभी स्नान करने वाले उत्तेजित थे। एक जवान औरत को किसी छोटे कुत्ते ने काट लिया था और हाल ही में रेबीज से उसकी मौत हो गई थी। जब मैंने होटल की मेज पर यह चर्चा होते सुनी तो मेरी पीठ पर जोर की कँपकँपी दौड़ गई। मुझे फौरन लगा कि मेरी नाक दुख रही थी और मेरे तमाम अंगों में मुझे अजीब सा अहसास हुआ।

उस रात मैं सो नहीं पाई। मैं अपने पति को बिलकुल भूल चुकी थी। क्या होगा अगर मैं भी रेबीज से मर गई तो? अगले ही दिन मैंने होटल के मालिक से इस बारे में थोड़ी जानकारी माँगी। उसने मुझे कुछ भयानक जानकारियाँ दीं। वह दिन मैंने समुद्र किनारे टहलते हुए गुजारा। मैंने सोचा, अब मैं बोल नहीं पाऊँगी। जलभीत्ति! हाइड्रोफोबिया! कैसी भयानक मौत!

हेनरी ने मुझसे पूछा, 'क्या बात है? उदास दिख रही हो।'

मैंने जवाब दिया, 'नहीं तो! कुछ नहीं हुआ! कुछ भी तो नहीं हुआ!'

मेरी घूरती आँखें समुद्र पर जमी थीं, लेकिन मैं उसे देख नहीं रही थी और मेरी आँखें जमी थीं फार्मों पर, खेतों पर और मैं बता नहीं सकती थी कि मेरी आँखें क्या देख रही थीं। जिस खयाल ने मुझे प्रताड़ित किया, मैंने उसका इकबाल नहीं किया है। एक दर्द, सच्चा दर्द मैंने महसूस किया अपनी नाक में। मैं लौट जाना चाहती थी।

होटल में वापस पहुँचते ही मैं कमरे में बंद हो गई, ताकि घाव की जाँच कर सकूँ। मुझे कुछ दिखाई नहीं दिया। फिर भी मैं इस बात पर शक नहीं कर सकी कि इससे मेरा बहुत नुकसान हो रहा था। मैंने फौरन माँ को एक छोटा सा खत लिखा,

जो शायद पढ़ने-सुनने में अजीब था। मैंने उनसे कुछ मामूली सवालों के फौरन जवाब माँगे। अपने दस्तखत करने के बाद मैंने लिखा, 'खास तौर पर मुझे बीजू की खबर देना न भूलें।'

अगले दिन मुझसे कुछ खाया नहीं गया, लेकिन मैंने डॉक्टर के पास जाने से इनकार कर दिया। सारा दिन मैं समुद्र किनारे बैठी रही, पानी में नहाने वालों को देखती रही। पतले-मोटे, वे सभी अपने भयंकर (नहाने के) कपड़ों में आए। वे सभी भद्दे दिखाई दे रहे थे, लेकिन मैंने कभी हँसने की नहीं सोची। मैंने सोचा, 'कितने खुश हैं, ये लोग! इन्हें किसी ने नहीं काटा है! वे जिंदा रहेंगे। उन्हें किसी बात का डर नहीं है। वे जैसे चाहें मनोरंजन कर सकते हैं, क्योंकि वे शांतिपूर्ण हैं!'

उस पल मैं अपना हाथ अपनी नाक पर ले गई, मैंने इसे छुआ; वह सूजी नहीं थी क्या? जल्दी ही मैं होटल में घुस गई। मैं अपने कमरे में बंद हो गई और आईने में इसे देखा। अरे, इसका तो रंग ही बदल गया था। अब तो मैं बहुत जल्दी मर जाने वाली हूँ।

उस शाम अचानक मैंने अपने पति के लिए एक तरह का कोमल अहसास किया। यह निराशा का कोमल अहसास था। वह मुझे भले लगने लगे। मैं उनकी बाँह पर झुक गई। बीस बार मैंने उन्हें अपने कष्टकारी रहस्य के बारे में बताने का इरादा किया, लेकिन फिर खामोश ही रह गई।

उन्होंने बड़ी बुरी तरह से मेरी अस्थिरता, मेरी आत्मिक कमजोरी को कोसा। मुझमें उनका प्रतिरोध करने की ताकत नहीं थी, संकल्प भी नहीं था। मैं सबकुछ सह लूँगी, सारे कष्ट झेल लूँगी।

अगले दिन मुझे माँ का एक खत मिला। उन्होंने मेरे सवालों के जवाब दिए थे, लेकिन बीजू के बारे में एक शब्द भी नहीं कहा था। मेरे मन में फौरन यह खयाल आया—'वह मर गया है और वे लोग इस बात को मुझसे छिपा रहे हैं।' मेरी इच्छा हुई कि टेलीग्राफ दफ्तर दौड़ जाऊँ और एक तार भेज दूँ, लेकिन फिर एक खयाल ने मुझे रोक दिया कि 'अगर वह सचमुच मर गया है तो वे लोग मुझे बताएँगे नहीं।' फिर मैंने अपने आपको दो दिन और दुख-दर्द के हवाले कर दिया। मैंने फिर खत लिखा। मैंने उन्हें लिखा कि वे मेरा ध्यान हटाने के लिए मुझे कुत्ता भेज दें, क्योंकि मैं कुछ अकेली महसूस कर रही हूँ।

दोपहर बाद मुझे कँपकँपी का दौरा पड़ा। मैं पूरा गिलास उठाती तो उसमें से आधा तो जरूर छलक जाता। मेरी आत्मिक दशा विलाप-योग्य थी। मैं झुटपुटे के समय अपने पति से बचकर चर्च भाग गई। मैंने बहुत देर तक प्रार्थना की। लौटते

समय मेरी नाक में एक नए तरह का दर्द महसूस हुआ और मैं एक कैमिस्ट के पास चली गई, जिसकी दुकान में रोशनी हो रही थी। मैंने उससे इस तरह से बात की जैसे मेरी एक दोस्त को कुत्ते ने काट लिया था और उससे इस बारे में सलाह माँगी। वह एक मिलनसार व्यक्ति था और उपकार करने को तत्पर था। उसने मुझे खुलकर सलाह दी, लेकिन मैं उसकी बात पर गौर करना ही भूल गई; मेरा दिमाग इतना परेशान जो था। मुझे बस इतना याद है कि 'अकसर सफाई की सलाह दी जाती है।' मैंने पता नहीं, किस दवा की ढेरों बोतलें इस बहाने से खरीद लीं कि उन्हें अपनी दोस्त को भेज दूँगी।

मुझे जो कुत्ते मिलते, वे मुझमें आतंक भर देते, मेरे अंदर यह इच्छा जगा देते कि मैं पूरी रफ्तार से वहाँ से भाग खड़ी होऊँ। कई बार मुझे यह भी लगा कि मैं उन्हें काटना चाहती हूँ। उस रात मैं भयंकर तौर पर परेशान रही। उसका फायदा मेरे पति ने उठाया।

अगले दिन मुझे माँ का जवाब मिला। उन्होंने कहा, 'बीजू बहुत अच्छी हालत में है, लेकिन अगर हमने उसे ट्रेन से भेजा तो उसे बहुत हवा लग जाएगी।' तो वे उसे मेरे पास नहीं भेजेंगे···। तो वह मर चुका है।

मैं फिर भी नहीं सो पाई। जहाँ तक हेनरी का सवाल है तो वह खर्राटे भर रहे थे। वह कई बार जागे। मैं ध्वस्त कर दी गई।

अगले दिन मैंने समुद्र में स्नान किया। पानी में घुसकर मैं तो जैसे अभिभूत ही हो गई। मैं भयंकर तौर पर ठंडी हो रही थी। इस ठंडेपन के अहसास से मैं पहले कभी इतनी स्तब्ध नहीं हुई थी। मेरा अंग-अंग काँप रहा था, लेकिन अब मेरी नाक में बिलकुल भी दर्द नहीं हो रहा था।

संयोगवश उन्होंने मेरा परिचय हम्मामों के मेडिकल इंस्पेक्टर से करवाया। वह एक आकर्षक व्यक्ति था। मैं बेहद होशियारी से अपने विषय पर आई, तब मैंने उससे कहा कि मेरे छोटे कुत्ते ने मुझे कई दिन पहले काटा था और उससे पूछा कि अगर हमें कोई सूजन दिखाई दे तो क्या करना जरूरी होगा। उसने हँसते हुए जवाब दिया, 'आपके मामले में मैडम मुझे बस एक ही इलाज दिखाई देता है कि आप एक नई नाक बनवा लें।'

जब मैं नहीं समझ पाई तो उसने कहा, 'वह आपके पति देख लेंगे।' और जब मैं उससे मिलकर हटी तो मैं पहले जितनी ही अज्ञानी थी।

उस शाम हेनरी बहुत मस्त, बहुत खुश दिखाई दे रहे थे। हम कैसिनो गए, लेकिन उन्होंने खेल खत्म होने का इंतजार नहीं किया और मुझसे लौटने को कह

दिया। वहाँ मेरी दिलचस्पी का कुछ भी नहीं था, इसलिए मैं उनके पीछे हो ली, लेकिन मैं बिस्तर में नहीं रह पाई; मेरी सारी नसें ढीली हो गई थीं और झनझना रही थीं। वह भी नहीं सो पाए। उन्होंने मुझे गले लगाया, मुझे सहलाया, मुझसे इतने प्यार और कोमलता से पेश आए मानो आखिरकार उन्होंने अनुमान लगा लिया था कि मैं कितने कष्ट में थी। मैंने उनकी सहलाहटों को स्वीकार कर लिया। मैं न तो उन्हें समझ रही थी और न ही उनके बारे में सोच रही थी।

अचानक एक असाधारण भयावह विपत्ति ने मुझे जकड़ लिया। मेरे मुँह से भयंकर चीख निकली, अपने पति को पीछे धकेला, जिन्होंने मुझे पकड़ रखा था। मैं अपने कमरे में भाग गई और दरवाजे पर अपना सिर और चेहरा पटकने लगी। यह आक्रोश था! भयंकर आक्रोश! मैं घबरा गई थी!

हेनरी ने मुझे उठाया। वह खुद डर गए थे और समझने की कोशिश कर रहे थे कि आखिर परेशानी क्या है। मैं खामोश रही। अब मैं उदासीन हो चुकी थी। मैं मौत का इंतजार क़र रही थी। मैं जानती थी कि कुछ घंटों की राहत के बाद एक और विपदा मुझे जकड़ लेगी और वह अंतिम थी, जो जानलेवा होगी।

उन्होंने मुझे बिस्तर पर लिटाया और मैंने कोई प्रतिरोध नहीं किया। भोर होने के क्षण में मेरे पति की झुँझला देनेवाली खब्त ने एक और आवेश का दौर शुरू कर दिया, जो पहले से भी लंबे समय तक चला। मेरी इच्छा हुई कि उनके कपड़े फाड़ दूँ और उन्हें काट दूँ और गुर्रा पड़ूँ; यह भयंकर था और फिर भी, इसमें इतना दर्द नहीं हुआ जितना मैं मानकर चल रही थी।

सुबह आठ बजे के करीब जाकर मैं चार रातों में पहली बार सोई। ग्यारह बजे एक प्यारी आवाज ने मुझे जगा दिया। यह माँ थीं, जिन्हें मेरे खतों ने डरा दिया था और जो तुरंत मुझसे मिलने निकल पड़ी थीं। उनके हाथ में एक बड़ी सी टोकरी थी, जिसमें से हलकी-हलकी भौंकने की आवाजें आ रही थीं। मैंने उसे ले लिया, मुझमें एक मूर्खतापूर्ण उम्मीद थी। मैंने उसे खोल दिया और बीजू कूदकर पलंग पर आ गया, मेरे सीने से लग गया, उछल-कूद मचाने लगा, मेरे तकिए पर लोट मारने लगा, वह खुशी से उन्मत्त था।

ओह, मेरी प्यारी, तुम चाहो तो मेरा विश्वास कर सकती हो; अगले दिन तक मेरी समझ में सबकुछ नहीं आया! ओह, वह कल्पना, कैसे काम करती है यह! और कैसा लगता है यह सोचकर कि मैंने ऐसा विश्वास किया—बोलो, यह कुछ ज्यादा ही मूर्खतापूर्ण नहीं था क्या?

उन चार दिनों की यातनाओं के बारे में मैंने किसी को कभी नहीं बताया है;

तुम समझ ही जाओगी कि क्यों? सोचो, अगर मेरे पति को पता होता! वह पहले ही मुझे पोरविल की मेरी करतूतों के बारे में काफी छेड़ चुके हैं। जहाँ तक मेरा सवाल है तो मैं उनके मजाक पर बहुत अधिक गुस्सा नहीं हो सकती।

मेरा तो काम हो गया। जिंदगी में हमें हर चीज के हिसाब से अपने आपको ढालना ही होता है।

□

लाभ का धंधा

वह अपने आपको साधु-संत तो बिलकुल नहीं मानता था और न ही नैतिकता का ढोंग करता था, फिर भी अपने बारे में उसकी उतनी ही अच्छी राय थी जितनी किसी और के बारे में, बल्कि शायद और भी अच्छी और वह भी बिलकुल निष्पक्ष; जिसमें आवश्यकता से अधिक आत्म-प्रेम नहीं था, जिसमें उसे अपने ऊपर अहंकारी होने का आरोप लगाने की जरूरत नहीं थी। वह अपने साथ न्याय करता था बस। वह अच्छे, नैतिक सिद्धांतों को मानता था और अगर सच-सच बताना ही हो तो, उनका प्रयोग वह केवल दूसरों के आचरण की परख करने के लिए नहीं, बल्कि अपने खुद के आचरण को सुधारने के लिए भी करता था, क्योंकि अगर वह अपने बारे में यह नहीं सोच पाता तो बहुत परेशान हो जाता कि 'कुल मिलाकर, मैं वह हूँ जिसे लोग एक पूरा इज्जतदार आदमी कहते हैं।'

किस्मत की बात थी कि अपने बारे में जो उसकी बहुत अच्छी राय थी, उस पर शक करने का मौका उसे कभी नहीं (ओह ! कभी नहीं) मिला था। इस राय को वह अपनी लच्छेदार बातों के विस्तार के क्षणों में इस तरह व्यक्त करना पसंद करता था—'मेरी पूरी जिंदगी मुझे अपने आपसे हाथ मिलाने का अधिकार देती है।'

कोई सूक्ष्म मनोवैज्ञानिक होता तो उसे उसकी फौलादी आत्म-साधुता में जरूर कुछ खोट दिखाई देता, जो अपने आपमें पाखंडी के तौर पर संतुष्ट थी। जैसे यह बिलकुल तय था कि हमारे दोस्त को अपने पड़ोसियों की बुराइयों या बदकिस्मती से फायदा उठाने में कोई गुरेज नहीं था, बशर्ते कि वह अपनी ही राय में वह व्यक्ति न हो, जो उनके लिए अकेले या खास तौर पर जिम्मेदार था, लेकिन कुल मिलाकर यह इसे समझने का केवल एक तरीका था। इस विषय पर कुतर्कपूर्ण बहस करने के लिए सामग्री की कोई कमी नहीं थी। इस तरह की चर्चा ऐसे साधारण स्वभावों

के लिए खास तौर पर अरुचिकर थी, जैसा स्वभाव उस योग्य व्यक्ति का था। शायद मनोवैज्ञानिक से उसने यही कहा होता कि 'जो हो ही नहीं सकता, उसे करने की कोशिश क्यों? तुम देख सकते हो कि मैं पूरा ईमानदार हूँ।'

यह विश्वास नहीं कीजिएगा कि यह पूरी ईमानदारी उसे ऊँचे विचार रखने से रोकती थी। उसे इसलिए अपने आप पर गर्व था कि कल्पना और अदृष्ट उसकी कमजोरी थी। हालाँकि उसे बेईमान कहे जाने पर तो बुरा लगता ही, तब उसे और भी अधिक चोट पहुँचती, अगर कोई उसे मध्यम वर्ग की रुचियों वाला बताता।

जहाँ तक दिल का मामला था तो व्यभिचार पर वह अत्यंत नैतिक भय व्यक्त करता था, क्योंकि अगर वह उसका दोषी होता तो अपने बारे में कसम खाकर यह नहीं कह पाता, 'आह! मैं खुशी-खुशी यह कह सकता कि मैंने किसी के साथ बुरा नहीं किया!' जो उसके जमीर के लिए इतना सुखद था।

दूसरी ओर, उसे उन सुखों से संतुष्टि नहीं थी, जिनके लिए घंटे के हिसाब से पैसा देना पड़ता है और जो दिल की बेहद नेक ख्वाहिशों को एक जिस्मानी जरूरत की अश्लील संतुष्टि के निचले स्तर पर ले आते हैं। उसे जो चाहिए था, वह आसमान की तरफ अपनी आँखें उठाकर इस प्रकार कहता था—

'मुझे ऐसा कुछ पाने की तमन्ना है, जो इससे भी अधिक आदर्श हो!'

सच में, आदर्श की खोज में उसे बहुत कोशिश नहीं करनी पड़ती थी। उसे बस घोषित बदनाम ठिकानों से और बाजारू जिस्मफरोश औरतों से बचना होता था।

इसके लिए उसे खास तौर पर औरतों के साथ शिष्टाचार बरतने की कोशिश करनी होती थी, अपने आपको यह समझाने की कोशिश करनी होती थी कि वे उसे उसी की खातिर पसंद करती थीं और उन औरतों को अधिक पसंद करना होता था, जिनके रंग-ढंग, कपड़ों और शक्ल-सूरत में अनुमानों और रूमानी भ्रमों की गुंजाइश होती थी, जैसे कि 'उसे एक छोटी कामकाजी लड़की समझा जा सकता है, जो अब भी शरीफ है।' 'नहीं, मैं तो सोचता हूँ कि वह एक किस्मत की मारी विधवा है।' 'क्या पता वह नकली भेष में कोई अच्छे घर की महिला हो!' और ऐसी ही दूसरी मूर्खतापूर्ण बातें, जिनके बारे में उसे पता था कि वे बोलने में बेतुकी थीं, लेकिन जिनका काल्पनिक स्वाद उसके लिए फिर भी बहुत सुखद था।

ऐसी रुचियों वाले उस चटोरे व्यक्ति के लिए स्वाभाविक ही था कि वह बड़ी दुकानों में और भीड़भाड़ वाली जगहों पर औरतों का पीछा करता और उनके साथ धक्का-मुक्की करता; खास तौर पर चालू औरतों की तलाश में रहता, क्योंकि

उन अधखुले किवाड़ों से अधिक रोमांचक और कुछ नहीं होता, जिनके पीछे से एक अस्पष्ट सा चेहरा दिखाई देता है और जिनमें से एक लुकी-छिपी दबी सी आवाज सुनाई देती है।

वह अपने मन में कहता, 'कौन है वह ? क्या वह जवान और खूबसूरत है ? क्या वह कोई बूढ़ी औरत है, जो अपने धंधे में कुशल है, लेकिन अब सबके सामने आने की हिम्मत नहीं कर पाती ? क्या वह कोई नई-नवेली है, जिसमें अभी तक पुरानी औरतों वाली निडरता नहीं आई है ? कुछ भी हो, यह वही अज्ञात है; शायद मेरा आदर्श है—कम-से-कम तब तक के लिए तो है ही, जब तक मुझे सीढ़ियाँ चढ़ने का रास्ता नहीं मिल जाता।' और जब वह सीढ़ियाँ चढ़ता तो उसका दिल हमेशा वैसे ही धड़कता जैसे कि किसी प्रियतमा से पहली बार मिलने पर धड़कता है।

उसने ऐसी मजेदार कँपकँपी कभी महसूस नहीं की थी, जैसी उस दिन मेनिलमोंटा की अंधी गली के उस पुराने मकान में घुसते समय महसूस की। उसकी समझ में नहीं आ रहा था कि ऐसा क्यों हो रहा, क्योंकि वह पहले भी उस तथाकथित प्यार की तलाश में अकसर इससे भी ज्यादा अनजान जगहों में जा चुका था, लेकिन इस समय उसे अकारण ही यह शंका हो रही थी कि उसका सामना किसी अनहोनी से होने जा रहा है। इससे उसे एक खुशगवार अहसास हुआ।

जिस औरत ने उसे इशारे से बुलाया था, वह तीसरी मंजिल पर रहती थी। जैसे-जैसे वह सीढ़ियाँ चढ़ रहा था, उसका रोमांच बढ़ता जा रहा था और जब वह सीढ़ियों के छोर पर पहुँचा तो उसका दिल जोर-जोर से धड़क रहा था। सीढ़ियाँ चढ़ते समय उसे एक अजीब सी गंध आई, जो तेज और तेज होती चली गई। हालाँकि उसने उसे समझने की कोशिश की, फिर भी वह बस इतना ही तय कर पाया कि यह किसी केमिस्ट की दुकान जैसी महक रही थी।

जैसे ही उसने सीढ़ियों के छोर पर कदम रखा, गलियारे के अंत में दाहिनी ओर जो दरवाजा था, वह खुला और उस औरत ने धीमे से कहा, 'अंदर आ जाओ, जानेमन।'

खुले दरवाजे से एक तेज गंध उसके नथुनों में आई और वह चिहुँककर बोला, 'कितना मूर्ख हूँ मैं भी! अब पता चला यह क्या है; यह कार्बोलिक एसिड है न?'

'हाँ।' उस औरत ने जवाब दिया, 'तुम्हें यह अच्छी नहीं लगती क्या, मेरी जान ? बहुत काम की है यह, समझे!'

वह औरत बदसूरत नहीं थी, हालाँकि जवान भी नहीं थी; उसकी आँखें बहुत

अच्छी थीं, हालाँकि उनमें उदासी थी और वे गड्ढों में धँसी हुई थीं। साफ था कि वह अभी-अभी बहुत ज्यादा रोई थी और उससे उसकी वह हलकी सी मुसकान कुछ खास मजेदार हो गई थी, जो उसने और भी मिलनसार दिखने की गरज से ओढ़ ली थी।

अपने रूमानी विचारों में डूबे हुए और अभी थोड़ी देर पहले की आशंका के प्रभाव में उसने सोचा और इस विचार ने उसे आनंद से भर दिया कि 'यह कोई विधवा है, जिसकी गरीबी ने उसे अपने आपको बेचने पर मजबूर कर दिया है।'

कमरा छोटा था, लेकिन बहुत साफ-सुथरा था, जिससे उसके अनुमान की पुष्टि हो गई और इसे पक्का करने के लिए वह तीन कमरों में गया, जो एक-दूसरे में खुलते थे। सबसे पहले सोने का कमरा आया; उसके बाद एक तरह की बैठक आई और फिर खाने का कमरा था, जिसे देखने से साफ था कि यह रसोई का काम भी करता था, क्योंकि इसके बीच में डच टाइलों वाला एक स्टोव रखा था, जिस पर कोई तरकारी खदक रही थी। कार्बोलिक एसिड की गंध उस कमरे में और भी तेज थी। उसने इसे कह दिया और हँसते हुए यह भी जोड़ दिया कि 'क्या तुम इसे अपने शोरबे में डालती हो?'

यह कहते हुए उसने उस दरवाजे का हैंडिल पकड़ लिया, जो अगले कमरे में खुलता था, क्योंकि वह सबकुछ देखना चाहता था। वह कोना भी जो देखने में सामान रखने की आलमारी जैसा था, लेकिन उस औरत ने उसकी बाँह पकड़कर उसे जोर से पीछे खींच लिया।

'नहीं-नहीं!' उसने लगभग फुसफुसाते हुए और भर्राई आवाज में याचना सी करते हुए कहा, 'नहीं, जानेमन, उधर नहीं, उधर नहीं, वहाँ अंदर मत जाना।'

'क्यों?' उसने कहा, क्योंकि अंदर जाने की उसकी इच्छा अब और भी प्रबल हो गई थी।

'क्योंकि अगर तुम वहाँ अंदर गए तो मेरे साथ रहने की तुम्हारी इच्छा ही नहीं रहेगी, और मैं चाहती हूँ कि तुम रुको। अगर तुम जान गए तो!'

'क्यों-क्या?' और उसने बड़ी जोर से उस चमकदार दरवाजे को खोल दिया। कार्बोलिक एसिड की गंध जैसे सीधी उसके चेहरे पर आकर पड़ी। उसने जो देखा, उससे वह और भी सहम गया। क्योंकि लोहे के एक छोटे से पलंग पर वहाँ एक औरत की लाश पड़ी थी, जिस पर एक अकेली मोमबत्ती की अद्‌भुत रोशनी पड़ रही थी। वह बुरी तरह से डर गया और मुड़ा कि वहाँ से निकलकर भाग जाए।

'रुक जाओ, मेरी जान!' उस औरत ने सिसकते हुए कहा और उससे लिपटते हुए उसने बताया कि दो दिन पहले उसकी दोस्त की मौत हो गई और उसके पास उसके कफन-दफन के लिए पैसे भी नहीं हैं। वह रोए जा रही थी। वह बोली, 'तुम समझ सकते हो कि मैं उसे इज्जत के साथ दफन करना चाहती हूँ। हम एक-दूसरे को कितना चाहती थीं! रुक जाओ, मेरी जान, रुक जाओ। मुझे बस दस फ्रैंक और चाहिए। मत जाओ।'

वे दोनों वापस सोने के कमरे में आ चुके थे और वह उसे रोकने की कोशिश कर रही थी।

'नहीं!' वह बोला, 'मुझे जाने दो। मैं दस फ्रैंक तुम्हें दे दूँगा, लेकिन यहाँ रुकूँगा नहीं। रुक नहीं सकता मैं।'

उसने जेब से अपना बटुआ निकाला, उसमें से दस फ्रैंक का एक सिक्का लिया और उसे मेज पर रखकर दरवाजे की तरफ बढ़ गया। दरवाजे पर पहुँचकर उसे अचानक एक खयाल आया, जैसे कोई अनजाने में उसे समझा रहा था।

'इन दस फ्रैंकों का नुकसान क्यों उठाओ? क्यों न इस औरत के नेक इरादों से लाभ उठाओ? उसने हिम्मत से काम लिया और अगर मुझे इस बारे में पता न होता तो सचमुच मैं यहाँ से कुछ देर तक तो जाता नहीं।··· तो फिर?'

फिर दूसरे और अधिक अस्पष्ट सुझावों ने उसके कान में फुसफुसाया—'वह उसकी दोस्त थी! वे एक-दूसरे को इतना चाहती थीं! यह दोस्ती थी या प्यार था? लगता तो यही है कि प्यार था। देखो, यह तो नैतिकता का प्रतिशोध ही होगा अगर इस औरत को उस शैतानी प्यार से बेवफाई करने को मजबूर किया गया।' फिर वह उसकी तरफ घूमा और धीमे से, काँपती हुई आवाज में बोला, 'इधर देखो! अगर मैं तुम्हें दस के बजाय बीस फ्रैंक दे दूँ तो मुझे लगता है, तुम इसके लिए थोड़े फूल भी खरीद सकोगी?'

दुखी औरत का चेहरा खुशी और कृतज्ञता से खिल गया।

'क्या तुम सचमुच मुझे बीस फ्रैंक दोगे?'

'हाँ!' उसने जवाब दिया 'और शायद उससे भी ज्यादा। यह तो तुम्हारे ऊपर निर्भर करता है।'

□

पिता

वह बतीन्यो में रहता था और सरकारी शिक्षा के दफ्तर में क्लर्क की नौकरी करता था। उसे रोज सुबह मध्य पेरिस के लिए बस पकड़नी होती थी। बस में उसके सामने एक लड़की बैठती थी, जिससे उसे प्यार हो गया।

वह लड़की भी रोज उसी समय दुकान जाती थी, जहाँ वह नौकरी करती थी। वह एक छोटी सी, गहरे भूरे बालों वाली लड़की थी। वह दबे हुए रंग वाली उन लड़कियों में से थी, जिनकी आँखों का रंग इतना गाढ़ा होता है कि वे धब्बों जैसी दिखती हैं और उनके जिस्म की रंगत हाथी दाँत जैसी होती है। वह उसे हमेशा उसी सड़क के मोड़ पर आते देखता था। अकसर ही वह दौड़कर भरी बस को पकड़ती थी और घोड़ों के थमने से पहले ही वह उछलकर सीढ़ियों पर चढ़ जाती थी, फिर अंदर जाकर वह थोड़ी हाँफती हुई सी बैठ जाती थी और इधर-उधर देखने लगती थी।

पहली बार जब फ्रांस्वा तेस्ये ने उसे देखा तो उसे लगा था कि उसका चेहरा बेहद आनंदित करनेवाला है। कभी-कभी किसी पुरुष को ऐसी महिला मिल जाती है, जिसे वह बिना जाने ही एकदम पागलों की तरह अपनी बाँहों में भर लेने की हसरत करता है। वह लड़की मन में दबी उसकी इच्छाओं का, उसकी गोपनीय आशाओं का, प्यार के उस आदर्श का जवाब थी, जिसे व्यक्ति अनजाने ही अपने दिल की गहराइयों में सँजोकर रखता है।

वह उसे एकटक देखता रहता था और चाहकर भी उस पर से अपनी निगाह नहीं हटा पाता था। वह उसके इस तरह देखने से उलझन में पड़ जाती थी और शरमा जाती थी। यह देखकर वह अपनी नजरें उस पर से हटाने की कोशिश करता था, लेकिन न चाहते हुए भी वह हर क्षण बार-बार उस पर अपनी नजरें गड़ा देता

था। हालाँकि वह किसी और दिशा में देखने की कोशिश करता था। कुछ ही दिनों में वे एक-दूसरे को जान गए, जबकि उनमें कोई बात नहीं हुई थी। जब बस पूरी भर जाती थी तो वह उसे अपनी सीट दे देता था और खुद बाहर खड़ा हो जाता था, हालाँकि ऐसा करके उसे बड़ा मलाल होता था। अब तक वह इस हद पर आ चुकी थी कि हलका सा मुसकराकर उसका अभिवादन करने लगी थी। हालाँकि उसके देखने पर वह हमेशा अपनी नजरें झुका लेती थी, फिर भी इस तरह देखे जाने पर वह नाराजगी नहीं जताती थी।

आखिर में उनमें बोलचाल शुरू हो गई। उनके बीच एक तरह की फटाफट अंतरंगता बन गई थी। यह आधे घंटे की हर दिन की अंतरंगता थी, जो फ्रांस्वा के लिए सचमुच उसकी जिंदगी के सबसे प्यारे आधे घंटों में से थे। बाकी सारे वक्त वह उसी के बारे में सोचता रहता था। दफ्तर में काम के लंबे घंटों के दौरान वह उसी को देखता रहता था, क्योंकि वह वहाँ न होती, फिर भी अडिग याद उसका पीछा करती और उसे सम्मोहित किए रहती थी, जो एक प्रियतमा की छवि हममें छोड़ देती है। उसे ऐसा लगता था कि उस छोटी सी लड़की को पूरा-का-पूरा पाना उसके लिए पागल कर देने वाली खुशी होगी, जो इनसानी समझ के लगभग परे होगी।

अब हर सुबह वह उससे हाथ मिलाती थी और वह उस स्पर्श के अहसास को और उसकी छोटी-छोटी उँगलियों के कोमल दबाव की याद को अगले दिन तक के लिए सँजोकर रख लेता था। वह जैसे कल्पना करता था कि उसने इनकी छाप को अपनी त्वचा पर सँजो लिया है और बाकी सारे समय वह बस के इस छोटे से सफर के लिए आतुरता से प्रतीक्षा करता था, जबकि इतवार उसे दिल तोड़ने वाला दिन लगता था। बहरहाल, इसमें कोई शक नहीं था कि वह उससे प्यार करती थी, क्योंकि वसंत के मौसम में एक इतवार उसने वादा किया कि वह अगले दिन उसके साथ जाकर मेजन-लाफीत में लंच करेगी।

□

वह रेलवे स्टेशन पहले ही पहुँच गई, जिससे फ्रांस्वा को ताज्जुब भी हुआ, लेकिन वह बोली, 'जाने से पहले मैं तुमसे बात करना चाहती हूँ। हमारे पास बीस मिनट हैं और मैं तुमसे जो कहना चाहती हूँ, उसके लिए ये काफी से ज्यादा हैं।'

उसकी बाँह पर झुकी वह काँप रही थी और नजरें झुकाए हुए थी। उसके गाल पीले पड़ रहे थे, लेकिन उसने कहना जारी रखा—''मैं नहीं चाहती कि तुम मुझसे धोखा खाओ और मैं तुम्हारे साथ वहाँ तब तक नहीं जाऊँगी, जब तक तुम

यह कसम नहीं खाते कि तुम ऐसा कुछ नहीं करोगे—कुछ भी नहीं करोगे, जो गलत है।''

अचानक वह पॉपी के फूल जैसी लाल हो गई और आगे कुछ नहीं बोली। उसकी समझ में नहीं आया कि क्या जवाब दे, क्योंकि वह खुश भी था और निराश भी। अपने अंतरमन में तो शायद वह यही चाहता था कि ऐसा ही होना चाहिए, फिर भी रात-भर वह ऐसी उम्मीदें बाँधता रहा था कि उसकी नसों में गरम खून दौड़ने लगा था। यह सच था कि अगर उसे पता चलता कि उसका आचरण ठीक नहीं था तो वह उससे कम प्यार करता, लेकिन तब यह उसके लिए बहुत आकर्षक, बहुत मजेदार होता! उसने वे स्वार्थी आकलन कर डाले, जो पुरुष प्यार के मामलों में आम तौर पर करते हैं।

जब वह कुछ नहीं बोला तो वह उत्तेजित स्वर और आँखों में आँसू भरकर फिर बोलने लगी, ''अगर तुम मुझे पूरी इज्जत देने का वादा नहीं करोगे तो मैं घर लौट जाऊँगी।''

तब उसने कोमलता से उसका हाथ दबाया और जवाब दिया, 'मैं तुमसे वादा करता हूँ कि मैं बस वही करूँगा, जो तुम्हें पसंद है।' उसके मन को जैसे तसल्ली मिली, उसने मुसकराते हुए पूछा, 'तुम सच कह रहे हो?'

उसने लड़की की आँखों में आँखें डालकर देखा और जवाब दिया, ''मैं कसम खाता हूँ।''

''अब तुम टिकट ले सकते हो।'' उसने कहा।

सफर के दौरान वे बात भी नहीं कर पाए, क्योंकि डिब्बा भरा था और जब वे मेजन-लाफीत पहुँचे तो सेन नदी की तरफ चले गए। सूरज नदी, पत्तियों और घास के मैदान पर भरपूर चमक रहा था और जैसे उसने उनमें अपनी चमक भर दी हो। वे नदी के किनारे-किनारे हाथ में हाथ डालकर चल दिए। वे तट के पास तैरती छोटी-छोटी मछलियों के झुंडों को देखते जा रहे थे। वे खुशी से चहक रहे थे, मानो दिल की उमंग ने उन्हें धरती से ऊपर उठा दिया था।

फिर वह बोली, ''कितनी मूर्ख समझा होगा तुमने मुझे!''

''क्यों?'' उसने पूछा।

''कि मैं ऐसे बिलकुल अकेली तुम्हारे साथ चली आई।''

''बिलकुल नहीं, यह तो बिलकुल स्वाभाविक है।''

''नहीं-नहीं, मेरे लिए यह स्वाभाविक नहीं है, क्योंकि मैं कोई गलती नहीं करना चाहती, लेकिन लड़कियाँ इसी तरह गिरती हैं। काश! तुम्हें पता होता कि यह

कितना दुर्भाग्यपूर्ण है, हर दिन वही बात, महीने के हर दिन और साल के हर महीने। मैं माँ के साथ बिलकुल अकेली रहती हूँ और उन्होंने बहुत मुसीबत झेली है, जिस वजह से वह बहुत खुशमिजाज नहीं हैं। मैं भरसक कोशिश करती हूँ और सबकुछ के बावजूद हँसने की कोशिश करती हूँ, लेकिन मैं हर बार कामयाब नहीं होती, फिर भी मैंने यहाँ आकर गलती की, हालाँकि तुम तो किसी हाल में भी दुखी नहीं होगे।''

जवाब में फ्रांस्वा ने बड़े प्यार से उसके कान पर चुंबन जड़ दिया, जो उसके सबसे नजदीक था। लेकिन वह चौंककर एकदम से उससे दूर हट गई और अचानक गुस्सा होकर बोली, ''अच्छा! फ्रांस्वा जनाब, मुझसे कसम खाने के बाद भी!'' और वे वापस मेजन-लाफीत चले गए।

उन्होंने नदी के किनारे चिनार के चार बड़े-बड़े पेड़ों के नीचे दुबके एक होटल पेटी हावर में लंच लिया। हवा, गरमी, सफेद सुरा की छोटी बोतल और एक साथ इतने नजदीक होने के अहसास ने उन्हें लाल और उत्पीड़न की अनुभूति से खामोश कर दिया। लेकिन कॉफी के बाद उनकी उत्फुल्लता लौट आई और सेन पार करने के बाद, वे उसके किनारे-किनारे ला फ्रेत गाँव की ओर चल दिए। अचानक उसने पूछा, ''तुम्हारा नाम क्या है?''

''लुईज।''

''लुईज।'' उसने दोहराया और आगे कुछ नहीं कहा।

लंबा मोड़ लेकर बहती नदी दूर सफेद मकानों की कतार को नहला रही थी और पानी में उनका अक्स पड़ रहा था। लड़की ने गुलबहार के फूल चुनकर उनका बड़ा सा गुच्छा बना लिया था, जबकि वह खूब दम लगाकर गा रहा था। वह उस जवान घोड़े की तरह उन्मत्त था, जिसे चरागाह में छोड़ दिया गया हो। उनके बाईं ओर लताओं से ढकी एक ढलान नदी का अनुसरण कर रही थी। अचानक फ्रांस्वा आश्चर्य से ठिठककर खड़ा हो गया।

''अरे! उधर देखो!'' वह बोला।

लताएँ वहाँ जाकर खत्म हो गई हैं और पूरी ढलान को नीलक (लाइलैक) की झाड़ियों ने ढक लिया है, जिन पर फूल खिले हैं। यह बैंगनी रंग का कानन है! एक तरह का बड़ा सा गलीचा धरती पर बिछा हुआ था और दो मील से भी ज्यादा दूर गाँव तक पहुँच रहा था। वह भी चकित और आनंदित होकर खड़ी हो गई और बुदबुदाई—''हाय! कितना खूबसूरत है!'' एक चरागाह को पार कर वे उस विलक्षण नीची पहाड़ी की ओर बढ़ चले, जो हर बरस सारे नीलक के फूल उगाती है, जो फूल वालों के ठेलों पर सारे पेरिस में बेचे जाते हैं।

एक सँकरा रास्ता पेड़ों के नीचे जा रहा था, वे उसी पर चल दिए और जब वे एक छोटे से सपाट मैदान पर पहुँचे तो वहीं बैठ गए।

झुंड-की-झुंड मक्खियाँ उनके इर्द-गिर्द लगातार गुंजन करती भिनभिनाती हुई मँडरा रही थीं और सूरज बिलकुल शांत। दिन का चमकीला सूरज उजली ढलानों के ऊपर चमक रहा था और फूलों के उस कानन से एक दमदार गंध, सुवास की एक लहर, फूलों की साँस उनकी तरफ आ रही थी।

दूर कहीं चर्च की घड़ी का घंटा बजा। उन्होंने धीरे से आलिंगन किया, एक-दूसरे को और पास चिपटा लिया। उस चुंबन के अलावा और किसी भी बात से अनजान वे घास पर लेट गए थे। लड़की ने अपनी आँखें बंद कर ली थीं और उसे अपनी बाँहों में जकड़कर बिना सोचे उसे अपने से चिपटा लिया था। उसकी सूझ-बूझ बिफर गई थी और सिर से पाँव तक वह वासना भरी अपेक्षा में डूब गई थी। उसने अपने आपको पूर्णतः अर्पित कर दिया, उसे पता भी नहीं रहा कि उसने अपने आपको उसे दे दिया है, लेकिन जल्दी ही वह होश में लौट आई और उसे एक बड़े दुर्भाग्य का अहसास हुआ। उसने अपना चेहरा अपने हाथों में छिपा लिया और दुःख के मारे रोने-सिसकने लगी।

लड़के ने उसे तसल्ली देने की कोशिश की, लेकिन वह वहाँ से चल देना चाहती थी, लौट जाना चाहती थी और फौरन घर पहुँचना चाहती थी। तेज-तेज कदमों से चलती हुई वह यही कहती रही, ''हे भगवान्! हे भगवान्!''

वह उससे बोला, ''लुईज! लुईज! मेहरबानी करके यहाँ रुक जाओ।''

अब उसके गाल लाल थे और आँखें सूनी थीं और जैसे ही वे पेरिस के रेलवे स्टेशन पहुँचे, वह उसे छोड़कर चली गई, गुड बाई भी नहीं कहा।

□

जब वह अगले दिन उससे बस में मिला तो वह उसे बदली-बदली और पहले से दुबली लगी। उसने उससे कहा, ''मैं तुमसे बात करना चाहता हूँ; हम बड़ी सड़क पर उतर जाएँगे।''

जैसे ही वे खड़ंजे पर आए, वह बोली, ''हमें एक-दूसरे को अलविदा कहना होगा; कल जो कुछ भी हुआ, उसके बाद मैं तुमसे दोबारा नहीं मिल सकती।''

''लेकिन क्यों?'' उसने पूछा।

''क्योंकि मैं नहीं मिल सकती; मैंने गुनाह किया है और मैं उसे दोहराना नहीं चाहती।''

फिर वह उसके आगे गिड़गिड़ाया। वह उसकी चाहत में तड़प रहा था, प्यार की रातों की पूरी आजादी में उसे पूरा-का-पूरा पाने की ख्वाहिश में पागल हो रहा था, लेकिन उसने दृढ़ता से जवाब दिया—"नहीं, मैं नहीं मिल सकती; नहीं मिल सकती मैं।"

वह तो और भी उत्तेजित हो गया। उसने लड़की से शादी करने का भी वादा किया, लेकिन वह बोली, "नहीं।"

वह उसे छोड़कर चली गई। उसने उसे नहीं देखा। वह उससे मिलने की जुगत भी नहीं कर पाया, क्योंकि उसे उसका पता भी नहीं मालूम था। उसने सोच लिया कि वह उसे हमेशा के लिए खो चुका है, लेकिन फिर नौवें दिन उसके दरवाजे की घंटी बजी। जब उसने दरवाजा खोला तो वह वहाँ खड़ी थी। वह एकदम से उसकी बाँहों में आ गई और उसने आगे कोई विरोध नहीं किया, फिर तीन महीनों तक वह उसकी होकर रही। वह उससे ऊबने ही लगा था कि उसने उसे वह गोपनीय खबर दी, जो किसी औरत के लिए सबसे अधिक कीमत रखती है। उसके बाद तो उसके मन में बस एक ही खयाल और एक ही इच्छा रही कि उस लड़की से किसी भी कीमत पर पीछा छुड़ाए, लेकिन अब वह ऐसा नहीं कर सका, क्योंकि उसकी समझ में ही नहीं आया कि कैसे शुरुआत करे या क्या कहे तो चिंता में भरकर उसने एक निर्णायक कदम उठाया। एक रात उसने अपना ठिकाना बदला और गायब हो गया।

यह झटका इतना जबरदस्त था कि उसने उस आदमी को नहीं ढूँढ़ा, जो उसे छोड़कर भाग गया था, बल्कि अपनी माँ के घुटनों पर गिर पड़ी। उसने माँ को अपनी बदनसीबी के बारे में बता दिया और कुछ महीनों बाद उसने एक लड़के को जन्म दिया।

□

बरस बीतते गए। फ्रांस्वा तेस्ये बूढ़ा हो चला था, लेकिन उसकी जिंदगी में कुछ नहीं बदला। वह नौकरशाहों की वही नीरस, एक ही ढर्रे की जिंदगी जीता रहा, जिसमें न कोई आशाएँ थीं और न कोई अपेक्षाएँ। रोज वह उसी समय उठता, उन्हीं सड़कों से जाता, उसी दरबार के पास से होकर उसी दरवाजे से घुसता, उसी दफ्तर में जाता, उसी कुरसी पर बैठता और वही काम करता था। वह दुनिया में अकेला था। दिन में अपने विभिन्न सहकर्मियों के बीच अकेला और रात में अपने कुँआरों के ठिकाने पर अकेला। वह अपने बुढ़ापे के लिए हर महीने सौ फ्रैंक बचाकर रखता था।

हर इतवार वह (पेरिस के मशहूर शानदार स्थल) शां जे ली जे जाता और वहाँ शानदार लोगों, गाड़ियों और सुंदर औरतों को निहारता था। अगले दिन अपने किसी सहकर्मी को बताता था, 'कल बोई द बूलोन से लौटने वाली गाड़ियों का नजारा बहुत बढ़िया था।' लेकिन एक इतवार की सुबह वह पारे मोंको में चला गया, जहाँ माँएँ और दाइयाँ, टहल-मार्गों के किनारे बैठीं बच्चों को खेलते देख रही थीं। अचानक वह चौंक गया। एक औरत दो बच्चों को हाथ से पकड़े हुए वहाँ से निकली, जिनमें करीब दस बरस का एक छोटा सा लड़का था और चार बरस की एक नन्हीं लड़की, यह वही थी।

वह सौ गज और चहलकदमी करता रहा और फिर भावनाओं के वेग से अवाक् धम्म से एक कुरसी पर बैठ गया। वह उसे पहचान नहीं पाई थी। इसलिए उसे एक बार फिर से देखने की गरज से वह वापस आया। वह अब बैठी हुई थी। लड़का उसकी बगल में बिलकुल चुपचाप खड़ा था, जबकि लड़की रेत के घरौंदे बना रही थी। वही थी; यह बिलकुल वही थी, लेकिन वह एक भद्र महिला की तरह गंभीर दिख रही थी। वह सादे कपड़े पहने थी और संयत और गरिमाशील दिख रही थी। उसने थोड़ी दूर से उसे देखा, क्योंकि पास जाने की उसकी हिम्मत नहीं हो रही थी, तभी उस लड़के ने अपना सिर उठाया और फ्रांस्वा तेस्ये जैसे काँप गया। यह उसका अपना बेटा था; इसमें कोई शक हो ही नहीं सकता था। जब उसने उसे देखा तो उसे लगा कि बरसों पहले लिये गए एक फोटोग्राफ में वह जैसा दिखता था, वह नन्हा लड़का वैसा ही है। उसमें वह अपने आपको पहचान पा रहा था। वह एक पेड़ के पीछे छिपा रहा और उसके जाने का इंतजार करता रहा, ताकि उसका पीछा कर सके।

उस रात वह सो नहीं पाया। उस बच्चे का खयाल उसे जोरों से सताता रहा। उसका बेटा! ओह! काश! उसे पता होता, पक्का पता होता, लेकिन वह क्या कर लेता? फिर भी, वह उस मकान में गया, जहाँ वह पहले रहती थी और उसके बारे में पूछा। उसे पता चला कि एक पड़ोसी, सख्त नैतिक उसूलों वाले एक इज्जतदार आदमी को उसकी दुखद स्थिति पर तरस आ गया था, उसने उससे शादी कर ली थी। उसे पता था कि उसने क्या गुनाह किया था, फिर भी उसने उससे शादी की थी और उस बच्चे को, फ्रांस्वा तेस्ये के बच्चे को भी अपना लिया था।

वह हर इतवार पारे मोंको में जाता रहा, क्योंकि तब वह हमेशा उसे देखता था और हर बार उसमें पागलों की सी एक अदम्य हसरत उठती थी कि अपने बेटे को अपनी बाँहों में ले, उस पर चुंबनों की बौछार कर दे और उसे चुरा ले, उसे ले जाए।

उसका अभागा अकेलापन उसे बेहद परेशान करता था, क्योंकि वह एक कुँआरा बुजुर्ग था और उसकी देख-रेख करने वाला कोई नहीं था। वह अत्याचारी मानसिक यातना से भी परेशान था। वह एक पिता की उस कोमल भावना से भी त्रस्त था, जो ग्लानि, ललक और ईर्ष्या से उपजी थी और अपने खुद के बच्चों को प्यार करने की उस जरूरत से भी, जो कुदरत ने हम सबमें रोपी है। इस तरह आखिर में उसने हताशा भरी एक कोशिश करने का पक्का मन बना लिया। जब वह पार्क में घुसी तो वह उसके पास पहुँच गया और रास्ते के बीचोबीच खड़े होकर बोला, "मुझे नहीं पहचानतीं तुम?" वह पीला पड़ गया था और उसके होंठ काँप रहे थे।

उसने आँख उठाकर उसे देखा। उसके मुँह से भय और आतंक की एक चीख निकली और दोनों बच्चों का हाथ पकड़कर उन्हें घसीटती हुई वहाँ से भाग खड़ी हुई, जबकि वह घर चला आया और फूट-फूटकर रोने लगा।

महीनों बीत गए। वह उसे फिर नहीं देख पाया। वह रात-दिन पीड़ित रहता, क्योंकि वह अपने पैतृक प्रेम का शिकार हो गया था। अगर वह अपने बेटे को चूम भर पाता तो खुशी से मर गया होता। वह खून भी कर सकता था, कोई भी काम कर सकता था, किसी भी खतरे का सामना कर सकता था, कोई भी दुस्साहस कर सकता था। उसने उसे पत्र लिखा, लेकिन उसने जवाब नहीं दिया और करीब बीस खत उसे लिखने के बाद उसकी समझ में आ गया कि उसका संकल्प बदलने की कोई उम्मीद नहीं है, तब उसने उसके पति को पत्र लिखने की हताशा भरा संकल्प किया। जरूरत पड़ी तो वह रिवॉल्वर से निकली गोली खाने को भी बिलकुल तैयार था। पत्र में उसने केवल चंद पंक्तियाँ लिखीं, जो इस प्रकार हैं—

महोदय,

आप मेरे नाम से आतंकित होंगे, लेकिन मैं इतना दुखी हूँ, दुःख में इतना डूबा हुआ हूँ कि मेरी इकलौती उम्मीद आप में है, इसलिए मैं आपसे यह गुजारिश करने की हिम्मत कर रहा हूँ कि मुझे केवल पाँच मिनट साक्षात्कार का मौका दें।

सादर, इत्यादि

अगले दिन ही उसे जवाब मिल गया—

कल मंगलवार, पाँच बजे आपका इंतजार रहेगा।

□

सीढ़ियाँ चढ़ते समय फ्रांस्वा तेस्ये का दिल इतने जोर-जोर से धड़क रहा था कि उसे कई बार रुकना पड़ा। उसके सीने में एक निरानंद और जबरदस्त शोर हो

रहा था, जैसे कोई जानवर कुलाँचे मार रहा हो। वह बड़ी मुश्किल से साँस ले पा रहा था और उसे रेलिंग को पकड़ना पड़ रहा था कि वहीं गिर ही न पड़े।

तीसरी मंजिल पर पहुँचकर उसने घंटी बजाई और जब एक नौकरानी ने दरवाजा खोला तो, उसने पूछा, ''क्या फ्लामेल साहब यहाँ रहते हैं ?''

''जी साहब, मेहरबानी करके अंदर आ जाइए।''

नौकरानी उसे बैठक में ले गई। वह अकेला था। वह इस तरह परेशान होकर इंतजार करने लगा, जैसे किसी मुसीबत के बीच में हो। आखिर में एक दरवाजा खुला और एक आदमी अंदर आया। वह लंबा, गंभीर और थोड़ा स्थूलकाय था; वह एक काला लंबा कोट पहने था। उसने हाथ से एक कुरसी की तरह इशारा किया। फ्रांस्वा तेस्ये बैठ गया और हाँफते हुए बोला, ''जनाब-जनाब! पता नहीं आपको मेरा नाम पता है या नहीं ?''

फ्लामेल ने उसे टोकते हुए कहा, ''आपको बताने की जरूरत नहीं है जनाब; मुझे पता है। मेरी पत्नी ने मुझे आपके बारे में बता दिया है।''

वह एक भले आदमी के गरिमापूर्ण लहजे में बोल रहा था, जो गंभीर होना चाहता है; उसमें एक इज्जतदार आदमी की सामान्य सी सादगी थी। फ्रांस्वा तेस्ये ने अपनी बात जारी रखी—''देखिए जनाब, मैं यह कहना चाहता हूँ। मैं दुःख, ग्लानि, शर्म से मरा जा रहा हूँ। मैं एक बार, केवल एक बार बच्चे को चूमना चाहता हूँ।''

फ्लामेल ने उठकर घंटी बजाई और जब नौकरानी आई तो उसने कहा, ''लुई को यहाँ लाओगी ?'' वह निकल गई तो वे चुपचाप आमने-सामने बैठे रहे, उनके पास एक-दूसरे से कहने को कुछ नहीं था। वे इंतजार करते रहे, तभी अचानक दस बरस का एक छोटा सा लड़का दौड़ता हुआ कमरे में आया और जल्दी से उस आदमी के पास पहुँचा, जिसे वह अपना पिता मानता था, लेकिन एक अजनबी को देखकर वह रुक गया। फ्लामेल ने उसे चूम लिया और कहा, ''अब जाओ और उन साहब को पप्पी दो बच्चे!''

वह बच्चा बड़े सलीके से तेस्ये के पास गया और उसे देखने लगा।

फ्रांस्वा तेस्ये उठकर खड़ा हो गया था। उसने अपने बेटे को देखा तो उसका हैट नीचे गिर गया और वह खुद भी गिरने को हो रहा था, जबकि फ्लामेल एक नाजुक अहसास में वहाँ से हट गया था और खिड़की से बाहर देखने लगा था।

बच्चा आश्चर्य में रुका रहा, लेकिन उसने हैट उठाया और अजनबी को पकड़ा दिया। तब फ्रांस्वा ने बच्चे को उठाया और उसके पूरे चेहरे को, उसकी

आँखों को, उसके गालों को, उसके मुँह को, उसके बालों को चूमने लगा। बच्चा चुंबनों की उस बौछार से डर गया और उनसे बचने की कोशिश करने लगा। उसने अपना सिर घुमा लिया और अपने छोटे-छोटे हाथों से उसने आदमी के चेहरे को झटके से दूर हटा दिया।

अचानक फ्रांस्वा तेस्ये ने उसे नीचे उतार दिया और रोते हुए 'गुड बाई! गुड बाई!' कहता हुआ कमरे से बाहर भागा, मानो वह कोई चोर हो।

□

क्या वह सपना था?

मैंने उसे पागलपन की हद तक प्यार किया था।

कोई प्यार क्यों करता है? प्यार क्यों करता है कोई? कितना अजीब होता है दुनिया में बस एक व्यक्ति को देखना, मन में बस एक खयाल बसाए रखना, दिल में बस एक ख्वाहिश पाले रखना और होंठों पर बस एक नाम लिये रहना—वह नाम जो आत्मा की गहराइयों से होंठों तक लगातार ऐसे आता रहता है, जैसे सोते में पानी; वह नाम जिसे व्यक्ति बार-बार कितनी ही बार दोहराता है, जिसे वह बिना रुके, हर कहीं प्रार्थना की तरह बुदबुदाता है।

मैं आपको अपनी कहानी सुनाने जा रहा हूँ, क्योंकि प्यार की बस एक ही कहानी होती है, जो हर बार एक सी होती है। मैं उससे मिला और उसकी कोमलता पर, उसकी सहलाहटों पर, उसकी बाँहों में, उसकी पोशाकों में, उसके बालों पर, उससे आने वाली हरेक चीज पर इतने मुकम्मिल तौर पर लिपटा, बँधा और घुला-मिला रहा कि मुझे फिर इस बात की परवाह ही नहीं रह गई कि हमारी इस पुरानी धरती पर दिन है या रात या मैं मुरदा हूँ या जिंदा?

और फिर वह मर गई। कैसे? मुझे नहीं पता; मुझे अब कुछ भी पता नहीं रहता। एक शाम वह भीगकर घर आई, क्योंकि तब भारी बारिश हो रही थी और अगले दिन उसे खाँसी हो गई। वह करीब एक हफ्ते तक खाँसती रही और बिस्तर से लग गई। क्या हुआ था, यह तो मुझे अब याद नहीं, लेकिन डॉक्टर आए और दवाइयाँ लिखकर चले गए। दवाइयाँ आईं और कुछ औरतों ने उसे वे दवाइयाँ पिलाईं। उसके हाथ गरम थे, उसका माथा ताप से जल रहा था और उसकी आँखों में चमक तथा उदासी थी। जब मैंने उससे बात की तो उसने जवाब भी दिया, लेकिन मुझे याद नहीं कि हमने क्या कहा था। मैं सबकुछ भूल चुका हूँ, सबकुछ,

सभी कुछ! वह मर गई और मुझे बहुत अच्छी तरह से याद है, उसका वह धीरे से, अस्पष्ट सी आह भरना। नर्स ने कहा था, 'ओह!' और मैं समझ गया था, समझ गया था मैं!

इससे ज्यादा मुझे कुछ पता नहीं, कुछ पता नहीं मुझे। मैंने एक पुरोहित को देखा; उसने कहा, 'तुम्हारी संगिनी?' और मुझे लगा कि वह उसका अपमान कर रहा है। अब जबकि वह मर चुकी है तो किसी को भी यह कहने का अधिकार नहीं, इसलिए मैंने उस पुरोहित को घर से बाहर कर दिया। दूसरा पुरोहित आया, जो बहुत दयालु और कोमल था। जब उसने मुझसे उसके बारे में बात की तो मेरे आँसू बह चले।

उन्होंने मुझसे अंतिम संस्कार के बारे में सलाह ली, लेकिन मुझे कुछ याद नहीं कि उन्होंने क्या कहा, लेकिन जब उन्होंने उसके ताबूत में कीलें ठोकीं, उसकी आवाज मुझे याद रही, हे भगवान्! हे भगवान्!'

उसे गाड़ दिया गया! गाड़ दी गई वह! उस गड्ढे में! कुछ लोग आए—महिला मित्र। मैं बचकर भाग गया। मैं भागता रहा और फिर सड़कों, गलियों में टहलता हुआ घर पहुँचा और अगले दिन सफर पर चल पड़ा।

कल मैं पेरिस लौट आया। मैंने अपने कमरे को—हमारे कमरे, पलंग, फर्नीचर और हर उस चीज को देखा, जो मौत हो जाने के बाद किसी इनसान की जिंदगी में से बचती है। मुझ पर ताजा दु:ख का ऐसा हिंसक दौरा पड़ा कि मेरा मन हुआ कि खिड़की खोलूँ और बाहर गली में कूद जाऊँ। अब मैं इन चीजों के बीच और नहीं रह सकता, नहीं रह सकता इन दीवारों के बीच, जिनमें वह बंद और सुरक्षित रही थी, जिनमें उसके, उसकी त्वचा के और उसकी साँस के अणु उनकी अदृश्य दरारों में बने रह गए थे। मैंने अपना टोप उठाया और वहाँ से भागना चाहा, जैसे ही मैं दरवाजे पर पहुँचा। मैं बड़े कमरे के उस बड़े से आईने के पास से निकला, जिसे उसने वहाँ इसलिए लगाया था कि बाहर जाते समय हर दिन अपने आपको सिर से पाँव तक निहार सके, यह देख सके कि उसका सिंगार तो अच्छा लग रहा था और उसके छोटे-छोटे जूतों से लेकर उसकी टोपी तक सब कुछ सही और सुदंर तो था।

जाते-जाते मैं उस आईने के सामने रुक गया, जिसमें वह इतनी बार प्रतिबिंबित हुई थी कि उसमें उसका प्रतिबिंब जरूर बना रह गया होगा। मैं वहाँ काँपता हुआ खड़ा था, मेरी आँखें उस आईने पर टिकी थीं—उस चौरस, गहरे, खाली आईने

पर, जो उसे इस तरह समाए रहा था और इस तरह अपना बनाए रहा था, जैसे मैं, जैसे मेरी कामोन्मत्त नजरें। मुझे लगा, मैं उस आईने से प्यार करता हूँ। मैंने उसे छुआ; वह ठंडा था। उफ, उसकी याद! दुखी आईना, जलता आईना, डरावना आईना, जो आदमियों को इतना सताता है! वह आदमी सुखी है जिसका दिल वह सबकुछ भूल जाता है, जो उसमें समाया है, वह सबकुछ जो उसके सामने हुआ है, वह सबकुछ जिसने इसमें अपने आपको देखा है या जो इसके अनुराग में इसके प्यार में प्रतिबिंबित हुई है! कितना पीड़ित हूँ मैं!

मैं अनजाने ही, अनचाहे ही, बाहर निकलकर कब्रिस्तान की ओर चल दिया। मुझे उसकी मामूली सी कब्र मिल गई, जिस पर एक सफेद संगमरमर की सलीब लगी थी, और ये चंद शब्द लिखे थे—

'उसने प्रेम किया, प्रेम पाया और मर गई।'

वह वहाँ नीचे है, सड़न की हालत में! कितना भयानक है! मैं जमीन पर अपना माथा टिकाए सिसकता रहा, मैं वहाँ देर तक रुका रहा, फिर मैंने देखा कि अँधेरा हो चला था और एक अजीब, पागलों जैसी इच्छा ने, एक हताश प्रेमी की इच्छा ने मुझे जकड़ लिया। मेरी इच्छा हुई कि मैं वह रात, वह आखिरी रात, उसकी कब्र पर रोते हुए बिताऊँ, लेकिन मुझे देख लिया जाता और बाहर खदेड़ दिया जाता। कैसे जुगत करता मैं? मैं चालाक था। मैं उठा और मुरदों के उस शहर में घूमने लगा। मैं चलता रहा, चलता रहा। कितना छोटा है यह शहर उस दूसरे, उस शहर के मुकाबले, जिसमें हम रहते हैं, फिर भी कितने अनगिनत हैं मुरदे जिंदा लोगों के मुकाबले। हमें चाहिए होते हैं ऊँचे-ऊँचे मकान, चौड़ी सड़कें और बहुत सारी जगह—चार पीढ़ियों के लिए जो एक ही समय वजूद में आते हैं, सोते से पानी पीते हैं, लताओं से सुरा और मैदानों से रोटी खाते हैं।

मुरदों की तमाम पीढ़ियों के लिए और हम तक उतरकर आई इनसानों की उस तमाम सीढ़ी के लिए, जैसे कुछ भी नहीं है! धरती उन्हें वापस ले लेती है और विस्मृति उन्हें मिटा देती है। विदा!

कब्रिस्तान के छोर पर अचानक मैंने देखा कि मैं इसके सबसे पुराने हिस्से में था, जहाँ बहुत पहले मर चुके लोग मिट्टी में मिल रहे हैं, जहाँ सलीबें तक सड़-गल चुकी हैं, जहाँ संभवतया कल नवागंतुकों को जगह दी जाएगी। इस हिस्से में उपेक्षित गुलाब भरे पड़े हैं, मजबूत और गहरे रंग के सरो के पेड़ भरे पड़े हैं, यह एक उदास और खूबसूरत बाग है, जो इनसानी मांस पर पल रहा है।

मैं अकेला था, बिलकुल अकेला। इसलिए मैं एक हरे वृक्ष में सिमटकर बैठ गया और वहाँ मैंने अपने आपको मोटी और अँधेरी डालों के बीच छिपा लिया। मैं इंतजार करता रहा, मैं तने से इस तरह चिपटा रहा जैसे जहाज के टूट जाने पर कोई आदमी एक तख्ते से चिपट जाता है।

जब बिलकुल अँधेरा हो गया तो मैं अपने शरण-स्थल से निकला और मुरदों से भरी उस जमीन पर धीमे-धीमे, धीरे-धीरे, चुपचाप टहलने लगा। मैं बहुत देर तक भटकता रहा, लेकिन मैं मुझे उसकी कब्र फिर नहीं मिली। मैं अपनी बाँहें फैलाए आगे बढ़ता रहा; मेरे हाथ, मेरे पाँव, मेरे घुटने, मेरा सीना, यहाँ तक कि मेरा सिर भी कब्रों से टकराता रहा, लेकिन मैं उसे नहीं ढूँढ़ पाया। मैं टटोलता हुआ आगे बढ़ता रहा, जैसे कोई अंधा अपना रास्ता ढूँढ़ता है। मैंने पत्थरों, सलीबों, लोहे के जंगलों, धातु के पुष्प चक्रों और बदरंग हो चुके फूलों के चक्रों को महसूस किया! मैंने अक्षरों पर उँगलियाँ फिराकर उँगलियों से नामों को पढ़ा। क्या रात थी! क्या रात थी! मैं उसे फिर नहीं ढूँढ़ पाया।

आसमान में चाँद नहीं था। क्या रात थी! कब्रों की दो कतारों के बीच इन सँकरे रास्तों पर मैं डरा हुआ था, भयंकर तौर पर डर गया था मैं। कब्रें! कब्रें! कब्रें! और कुछ नहीं बस कब्रें! मेरे दाएँ-बाएँ, आगे-पीछे इर्द-गिर्द, हर जगह कब्रें थीं! मैं उनमें से एक पर बैठ गया, क्योंकि अब मुझसे और चला नहीं जा रहा था; मेरे घुटने इतने कमजोर हो गए थे। मुझे अपने दिल की धड़कन सुनाई दे रही थी! और मुझे कुछ और भी सुनाई दे रहा था। क्या? यह एक उलझा हुआ, अनाम शोर था। क्या यह शोर मेरे सिर में था, अभेद रात में था या फिर रहस्यमयी धरती के नीचे था, उस धरती के नीचे जिसमें इनसानी लाशें बोई हुई थीं? मैंने अपने चारों तरफ देखा, लेकिन मैं बता नहीं सकता कि मैं वहाँ कितनी देर रहा; आतंक से मेरे हाथ-पाँव सुन्न हो गए थे, मैं डर के मारे ठंडा पड़ गया था, चिल्लाने को तैयार था, मरने को तैयार था।

अचानक मुझे लगा कि संगमरमर की जिस पटिया पर मैं बैठा था, वह हिल रही थी। सच में वह हिल रही थी, मानो उठ रही हो। उछलकर मैं पास की कब्र पर कूद गया, मैंने देखा, हाँ, मैंने साफ देखा कि जिस पत्थर को मैंने अभी-अभी छोड़ा था, वह सीधा खड़ा हो गया, फिर मुरदा शख्स दिखाई दिया, वह एक नंगा कंकाल था, जो पत्थर को अपनी झुकी पीठ से पीछे खिसका रहा था। मैंने उसे बिलकुल साफ-साफ देखा, हालाँकि रात बहुत अँधेरी थी। सलीब पर मैं यह

इबारत पढ़ पा रहा था—

'यहाँ दफन है जाक ओलीवां, जो इक्यावन बरस की उम्र में मरा। वह अपने परिवार से प्रेम करता था, दयालु और इज्जतदार था और प्रभु की कृपा में मरा।'

मुरदा आदमी ने भी कब्र के पत्थर पर लिखी इबारत को पढ़ा; फिर उसने रास्ते के पास से एक पत्थर, एक छोटा, नुकीला पत्थर उठाया और सावधानी से अक्षरों को खुरचने लगा। उसने धीरे-धीरे उन्हें मिटा दिया और अपने आँखों के खोखले गड्ढों से उसने उन जगहों को देखा जहाँ वे खुदे हुए थे। फिर उस हड्डी के छोर से, जो उसकी तर्जनी हुआ करती थी, उसने चमकदार अक्षरों में ऐसे लिखा जैसे लड़के दीवारों पर दियासलाई के छोर से पंक्तियाँ लिखते हैं—

'यहाँ विश्राम कर रहा है जाक ओलीवां, जो इक्यावन बरस की उम्र में मरा। उसने अपनी निर्दयता से अपने पिता की मौत को जल्दी बुला दिया, क्योंकि वह उनकी धन-दौलत का वारिस बनना चाहता था; उसने अपनी पत्नी को यातना दी, अपने बच्चों को सताया, अपने पड़ोसियों को धोखा दिया, जिस किसी को भी लूट सका, उसने लूटा और अभागी मौत मरा।'

जब वह मुरदा आदमी लिख चुका तो निश्चल खड़ा होकर अपने काम को देखने लगा। मैंने मुड़कर देखा तो सारी कब्रें खुली थीं, उनमें से लाशें निकल आई थीं और उन सभी ने उनकी कब्र के पत्थर पर उनके रिश्तेदारों की लिखवाई इबारत को मिटा दिया था और उनकी जगह सच लिख दिया था। मैंने देखा कि वे सभी अपने पड़ोसियों को सताने वाले रहे थे—वे द्वेष रखने वाले, बेईमान, पाखंडी, झूठे, बदमाश, निंदा करने वाले, ईर्ष्यालु रहे थे; उन्होंने चोरी की थी, धोखा दिया था, हर असम्मानजनक, हर घृणास्पद काम किया था—इन अच्छे पिताओं ने, इन वफादार बीवियों ने, इन समर्पित पुत्रों ने, इन शीलवती पुत्रियों ने, इन ईमानदार व्यापारियों ने, इन आदमियों और औरतों ने, जिन्हें निर्दोष कहा गया, इन्होंने यह सब किया था। वे सब-के-सब अपने अनंत वास स्थान की दहलीज पर, एक साथ सच लिख रहे थे; यह भयंकर और पवित्र सच था, जिससे उनके जीते-जी हर कोई अनजान था या अनजान होने का ढोंग करता था।

मैंने सोचा कि उसने भी अपनी कब्र के पत्थर पर कुछ-न-कुछ तो जरूर लिखा होगा और अब अधखुले ताबूतों के बीच, लाशों और कंकालों के बीच, निडर होकर दौड़ते हुए, मैं उसकी तरफ गया। मुझे विश्वास था कि मैं उसे फौरन ढूँढ़ लूँगा। मैंने उसे तुरंत पहचान लिया, जबकि मैंने उसका चेहरा भी नहीं देखा,

जो लहराते कपड़े से ढका था, संगमरमर की जिस सलीब पर मैंने अभी थोड़ी देर पहले पढ़ा था—

'उसने प्रेम किया, प्रेम पाया, और मर गई।'

अब मैं यह लिखा देख रहा था—

'एक दिन बारिश में अपने प्रेमी को धोखा देने के लिए वह निकली थी कि उसे ठंड लग गई और वह मर गई।'

अगले दिन सुबह-सवेरे मैं अपने एक परिचित को कब्रिस्तान में एक कब्र पर बेहोश पड़ा मिला।

□

अशुभ प्रेमी

राजधानी में एक बड़ी ही दुस्साहसिक चोरी हुई। चोर ने जवाहरात, हीरों जड़ी एक कीमती घड़ी, अच्छी काट के हीरों के फ्रेम में जड़ी एक लघु तसवीर और काफी नगदी चुरा ली थी, जिनकी कुल कीमत एक सौ पंद्रह हजार फ्लोरिन यानी करीब साढ़े सत्तावन हजार डॉलर बैठती थी। बैंक वाले ने खुद पुलिस के पास जाकर इस लूट के बारे में बताया और साथ ही उनसे यह गुजारिश भी की कि इस वारदात की पड़ताल जितना हो सके चुपचाप और चुस्ती से की जाए। उसके पास किसी पर शक करने का थोड़ा भी आधार नहीं है और वह नहीं चाहता कि कोई बेकसूर न फँसे।

''सबसे पहले तो आप मुझे उन तमाम लोगों के नाम दें, जो आपके सोने के कमरे में बराबर आते-जाते हैं।'' पुलिस निदेशक ने कहा।

''कोई नहीं, बस मेरी पत्नी, मेरे बच्चे और मेरा नौकर जोसेफ, जिस पर मुझे अपने बराबर भरोसा है।''

''तो आप मानते हैं कि वह ऐसा काम नहीं कर सकता?''

''बिलकुल तय बात है।'' बैंक अधिकारी ने जवाब दिया।

''तो फिर ठीक है। अब आप यह याद कीजिए कि जब आपको इस चोरी का पता चला, उस दिन या उससे ठीक पहले किसी दिन कोई ऐसा शख्स, जो आपके घर का सदस्य नहीं है, आपके सोने के कमरे में गया हो?''

बैंकवाले ने एक पल को सोचा और फिर थोड़ा झिझकते हुए कहा—''कोई नहीं, कोई भी तो नहीं।''

लेकिन अनुभवी अधिकारी ने बैंक वाले की उस हलकी हिचक और क्षणिक झेंप को ताड़ लिया, इसलिए उसने उसका हाथ पकड़ा और सीधे उसकी तरफ

देखते हुए कहा—"आप मुझसे बिलकुल खुलकर नहीं बता रहे हैं; आपके साथ कोई था और आप इस सच को मुझसे छिपाना चाहते हैं। आप मुझे सबकुछ बता दें।"

"नहीं–नहीं, सचमुच वहाँ कोई नहीं गया था।"

"तब तो इस समय बस एक शख्स है, जिस पर शक जा सकता है और वह है आपका नौकर।"

"उसकी ईमानदारी की तो मैं गारंटी दे सकता हूँ।" बैंकवाले ने फौरन जवाब दिया।

"हो सकता है, आप गलत हों। मैं उससे पूछताछ करना चाहूँगा।"

"मेरी आपसे गुजारिश है कि आप इसमें पूरी सावधानी बरतें?"

"इस बारे में आप मुझ पर भरोसा कर सकते हैं।"

एक घंटे बाद बैंक वाले का नौकर पुलिस के निजी कमरे में था। पुलिस अधिकारी ने सबसे पहले इस आदमी को बहुत गौर से देखा और फिर वह इस निष्कर्ष पर पहुँचा कि ऐसा ईमानदार और बेफिक्र चेहरा तथा ऐसी शांत, स्थिर आँखें किसी अपराधी की नहीं हो सकतीं।

"तुम्हें पता है, मैंने तुम्हें क्यों बुलाया है?"

"नहीं साहब।"

"तुम्हारे मालिक के यहाँ एक बड़ी चोरी हुई है।" पुलिस निदेशक ने आगे कहा, "उनके सोने के कमरे से। क्या तुम्हें किसी पर शक है? पिछले कुछ दिनों में कमरे में कौन गया था?"

"मेरे अलावा और कोई नहीं गया और मेरे मालिक के घरवाले।"

"भले आदमी, तुम्हें यह नहीं लगता कि ऐसा कहकर तुम अपने आपको शक के दायरे में ला रहे हो?"

"बिलकुल साहब।" नौकर ने कहा, "आप विश्वास नहीं करते।"

"मैं किसी बात पर विश्वास नहीं करना है; मेरी ड्यूटी है कि जाँच–पड़ताल करूँ और जो भी सुराग मिले, उस पर काम करूँ।" अधिकारी ने जवाब दिया, "अगर पिछले कुछ दिनों कमरे में जाने वाले तुम अकेले शख्स हो तो मैं तुमको ही जिम्मेदार मानूँगा।"

"मेरे मालिक मुझे जानते हैं।"

पुलिस निदेशक ने कंधे उचकाए, "तुम्हारे मालिक ने तो तुम्हारी ईमानदारी की गारंटी दी है, लेकिन मेरे लिए वह काफी नहीं है। तुम ऐसे अकेले शख्स हो,

जिस पर इस समय शक जाता है और इसलिए मुझे अफसोस के साथ कहना पड़ रहा है कि मुझे तुम्हें गिरफ्तार करना होगा।''

''अगर ऐसी बात है।'' नौकर ने थोड़ा हिचकिचाने के बाद कहा, ''तो मैं सच बोलना ज्यादा अच्छा समझूँगा, क्योंकि मेरी नेकनामी मेरे लिए किसी नौकरी से ज्यादा महत्त्व रखती है। मेरे मालिक के घर में कल कोई आया था।''

''कौन था यह, कोई— ?''

''एक महिला थी।''

''उनकी जान-पहचान की एक महिला?''

नौकर ने कुछ देर तक तो जवाब नहीं दिया।

फिर वह बोला, ''यह बात खुल ही जानी चाहिए। मेरे मालिक की एक रखैल है—आप समझते हैं न, साहब! सुनहरे बालों वाली एक खूबसूरत औरत। उन्होंने उसके लिए एक मकान ले रखा है और वह उससे मिलने जाते हैं, लेकिन हाँ, वह वहाँ चुपचाप जाते हैं, क्योंकि अगर मेरी मालकिन को पता चल गया तो अच्छा-खासा तमाशा खड़ा हो जाएगा। वह कल मालिक के पास आई थी।''

''क्या वे अकेले थे?''

''मैंने उसे अंदर पहुँचाया था और वह उनके सोने के कमरे में उनके पास थी, लेकिन थोड़ी देर बाद मुझे उन्हें बाहर बुलाना पड़ा था, क्योंकि उनका निजी क्लर्क उनसे बात करना चाहता था और इस तरह वह कमरे में करीब चौथाई घंटे तक अकेली रही थी।''

''उसका नाम क्या है?''

''सिसिलिया के—हंगरी की है।'' उसी समय नौकर ने अधिकारी को उसका पता दे दिया।

फिर पुलिस निदेशक ने बैंकवाले को बुला लिया और नौकर से सामना होने पर उसने उन बातों को कबूल कर लिया, जो नौकर ने बताई थीं; हालाँकि उसे ऐसा कहते हुए बड़ा दुःख हुआ था। उसके बाद सिसिलिया को हिरासत में लेने के आदेश दे दिए गए।

लेकिन आधे घंटे से कम समय में वह पुलिस अधिकारी लौट आया, जिसे इस काम के लिए भेजा गया था। उसने बताया कि वह पिछली शाम ही अपना घर छोड़कर चली गई और शायद राजधानी भी। बदकिस्मत बैंकवाला तो जैसे निराश ही हो गया। उसके एक सौ पंद्रह हजार फ्लोरिन तो लुटे ही, साथ ही उसके हाथ से वह खूबसूरत औरत भी निकल गई थी, जिसे उसने पूरे जोश में प्यार किया था।

उसके गले यह बात नहीं उतर पा रही थी कि जिस औरत को उसने एशिया के तमाम वैभवों से लाद दिया था, जिसकी अजीब-से-अजीब सनक को उसने पूरा किया था और जिसके अत्याचार को उसने इतने धैर्य से सहा था, उसी ने इतनी बेशरमी से धोखा दिया। अब उसका फल क्या मिला? उसकी पत्नी से उसका झगड़ा हो गया और उसके घर की सारी शांति चली गई।

उस औरत ने वहाँ से भागकर यह तो पक्का कर दिया था कि चोरी उसी ने की थी। पुलिस उसे पकड़ने के लिए शोर मचाने के अलावा कुछ नहीं कर पाई, लेकिन इस सब का कोई फायदा नहीं हुआ। बैंकवाले के दिल में प्यार की जगह नफरत और बदले की आग ने ले ली थी। पुलिस निदेशक से उसकी यह गुजारिश भी बेकार गई कि वह उस खूबसूरत अपराधी को पकड़ने और सजा देने के लिए हर तरीका अपनाए। उसका यह जिम्मेदारी लेना भी बेकार गया कि वह उस पर अभियोग चलाने का सारा खर्च देगा, चाहे वह जितना भी क्यों न हो। विशेष पुलिस अधिकारियों को कहा गया कि वे कोशिश करके उसे तलाश करें, लेकिन सिसिलिया पुलिस की पकड़ में आने वाली नहीं थी।

तीन बरस बीत चुके थे और उस दुखद कहानी को जैसे भुला दिया गया था। बैंक वाले को उसकी पत्नी ने माफ कर दिया था और जिसकी उसे कहीं ज्यादा परवाह थी। उसने एक दूसरी सुंदर रखैल ढूँढ़ ली थी। पुलिस ने जैसे अब उस खूबसूरत हंगरी औरत के बारे में परेशान होना छोड़ दिया था।

अब हम दृश्य बदलकर लंदन में आते हैं। वहाँ एक दौलतमंद महिला थी, जिसने समाज में खूब सनसनी फैलाई हुई थी। अपनी खूबसूरती और अपने खुले व्यवहार के दम पर कई जीतें हासिल की थीं। अब उसे एक साईस की जरूरत थी। उसके पास कई लोगों की दरख्वास्तें आईं। उनमें एक नौजवान भी था, जो देखने-भालने और शिष्टाचार में इतना अच्छा था कि लोग यही समझते थे कि वह काफी पढ़ा-लिखा होगा। उस महिला की नौकरानी की नजर में यह एक सिफारिश थी और वह तुरंत उसे अपनी मालकिन के निजी कमरे में ले गई। जब वह कमरे में घुसा तो उसने एक खूबसूरत और मोहक शरीर वाली एक औरत को देखा, जो अधिक-से-अधिक पच्चीस बरस की रही होगी। उसकी आँखें बड़ी-बड़ी और चमकदार थीं; बाल नीलापन लिये काले थे, जो उसके गोरे रंग की चमक को बढ़ाते हुए लग रहे थे। वह एक सोफे पर लेटी थी। उसने नौजवान को देखा; उसके बाल भी घने-काले थे। उसने उस महिला की टटोलती निगाहों के आगे अपनी चमकती काली आँखें फर्श पर झुका लीं। वह संतुष्ट लग रहा था। महिला

उसके छरहरी, खिलाड़ियों जैसे जिस्म से खासी प्रभावित लग रही थी, फिर वह आधी सुस्ती और आधे अभिमान में बोली—"तुम्हारा नाम क्या है?"

"लायोश माटियाशी।"

"हंगरी के हो?" महिला ने उसे अजीब ढंग से देखा।

"हाँ।"

"यहाँ कैसे आए?"

"मैं उन बहुत सारे प्रवासियों में से हूँ, जिन्होंने अपना वतन और अपनी जिंदगी को छोड़ा है। मैं अच्छे खानदान का हूँ और होनवेल्ड में एक अफसर था। अब मुझे सेवा में जाना पड़ेगा और मैं ईश्वर को धन्यवाद कहूँगा अगर मुझे ऐसी औरत मिल जाए, जो आपकी तरह खूबसूरत हो, साथ ही ऊँचे दरजे वाली भी हो।"

मिस जोइ नाम की वह प्यारी औरत मुसकरा दी और उसके साथ ही मोतिया दाँतों की दो कतारें दिख गईं।

"मुझे तुम देखने में अच्छे लगे।" उसने कहा—"और मेरी इच्छा हो रही है कि अगर तुम मेरी शर्तों पर राजी हो तो मैं तुम्हें अपनी नौकरी में रख लूँ।"

'एक औरत वाली सनक है यह।' नौकरानी ने अपने मन में कहा। जब उसने मिस जोइ को कशिश के साथ अपने नौकर को ताकते देखा; 'जल्दी ही खत्म हो जाएगी यह।' लेकिन वह अनुभवी औरत उस समय मुगालते में थी।

जोइ को सचमुच प्यार हो गया था और लायोश उसे जो इज्जत देता था, उससे वह बहुत चिड़चिड़ा जाती थी। एक शाम जब वह इतालवी ऑपेरा जाना चाहती थी तो उसने अपनी गाड़ी को रद्द कर दिया और उस श्रेष्ठ प्रशंसक से मिलने से इनकार कर दिया, जो अपने आपको उसके कदमों में गिरा देना चाहता था। उसने हुक्म दिया कि उसके साईस को उसके निजी कमरे में भेज दिया जाए।

"लायोश!" उसने कहना शुरू किया, "मैं तुमसे बिलकुल भी संतुष्ट नहीं हूँ।"

"क्यों मैडम?"

"मैं अब तुम्हें अपने पास नहीं रखना चाहती; यह रही तुम्हारी तीन महीने की तनख्वाह। फौरन यह घर छोड़ दो।" वह अधीर होकर कमरे में इधर-से-उधर चहलकदमी करने लगी।

"आपके हुक्म की तामील करूँगा, मैडम।" साईस ने जवाब दिया, "लेकिन अपनी तनख्वाह नहीं लूँगा।"

''क्यों नहीं लोगे?'' उसने जल्दी से पूछ लिया।

''क्योंकि तब मैं तीन महीनों के लिए आपके अधिकार में हो जाऊँगा।'' लायोश ने कहा, ''मैं इसी पल आजाद हो जाना चाहता हूँ, ताकि मैं आपको बता सकूँ कि मैंने आपकी नौकरी आपके पैसों के लिए नहीं की, बल्कि इसलिए की, क्योंकि मैं एक खूबसूरत औरत होने के कारण आपको प्यार करता हूँ, आपको पूजता हूँ।''

''तुम मुझे प्यार करते हो!'' जोइ बोल पड़ी, ''तुमने मुझे पहले क्यों नहीं बताया? मैं तो तुम्हें बस इसलिए अपने आपसे दूर करना चाहती थी, क्योंकि मैं तुम्हें प्यार करती हूँ और मैं नहीं जानती थी कि तुम मुझे प्यार करते हो, लेकिन तुमने जो मुझे इस तरह सताया है तो अब तुम उसके लिए दर्द झेलोगे। फौरन मेरे कदमों में आओ।''

साईस उस प्यारी चीज के आगे घुटनों के बल झुक गया और उस खूबसूरत औरत के नम होंठ एकदम उसके होंठों से सट गए।

उस पल से लायोश उसका प्रिय बन गया। बेशक उसे जलने नहीं दिया गया, क्योंकि एक जवान नवाब अभी भी उस महिला का घोषित प्रेमी था और वह खुशी-खुशी हर चीज का भुगतान करता था। यही नहीं 'अच्छे दोस्तों' की एक पूरी फौज थी, जो कभी-कभार एक मुसकान पाकर या एक-दो बार इससे ज्यादा पाकर अपने को खुशनसीब समझते थे और जिन्हें, उसके बदले में यह इजाजत थी कि वे उसे नायाब फूल या हीरों का तोहफा दे सकते थे।

जोइ के साथ लायोश की अंतरंगता जितनी बढ़ती गई, उसके देखने से जोइ को उतनी ही ज्यादा बेचैनी होने लगी। वह उसकी तरफ देखता भी तो बार-बार था और वह भी तिरस्कार के साथ। वह पूरी तरह से उसके प्रभाव में थी और उससे डरती भी थी। एक दिन जब वह उसकी काली घुँघराली लटों से खेल रहा था तो उसने मजाक उड़ाते हुए कहा, ''कहते हैं कि आम तौर पर विपरीत चीजें एक-दूसरे को अपनी तरफ खींचती हैं, फिर भी तुम उतनी ही काली हो जितना मैं।''

वह मुसकराई और फिर उसने अपने काले घुँघराले बाल उतारकर फेंक दिए। अब सबसे सुंदर, सफेद बालों वाली औरत लायोश की बगल में बैठी थी। वह उसे ध्यान से, लेकिन बिना चकित हुए देख रहा था।

लगभग आधी रात के समय वह अपनी मालकिन से यह कहकर निकला कि वह घोड़ों को देखने जा रहा है। उस खूबसूरत औरत ने एक बहुत प्यारी सोने की पोशाक पहनी और सोने चली गई। वह पूरे एक घंटे अपने प्रेमी के इंतजार में

जागती रही, फिर सो गई, लेकिन दो घंटे में उसे नींद से उठा दिया गया। उसने एक पुलिस इंस्पेक्टर और दो सिपाहियों को अपने शानदार पलंग के पास देखा।

''तुम्हें कौन चाहिए?'' वह चिल्लाई।

''सिसिलिया के।''

''मैं मिस जोइ हूँ।''

''ओह! मैं तुम्हें जानता हूँ।'' इंस्पेक्टर ने मुसकराते हुए कहा, ''मेहरबानी करके अपनी काली जुल्फें उतार दो तो तुम सिसिलिया के हो जाओगी। मैं तुम्हें गिरफ्तार करता हूँ।''

''हे भगवान्!'' उसने हकलाते हुए कहा, ''लायोश ने विश्वासघात किया है।''

''आप भूल कर रही हैं मैडम,'' इंस्पेक्टर ने जवाब दिया, ''उन्होंने तो बस अपनी ड्यूटी पूरी की है।''

''क्या? लायोश—मेरे प्रेमी ने?''

''नहीं, लायोश जासूस ने।''

सिसिलिया बिस्तर से उठी और अगले ही पल वह बेहोश होकर फर्श पर गिर पड़ी।

□

नए साल का तोहफा

जाक द रैंडल ने घर पर अकेले ही खाना खाया और फिर अपने नौकर को जाने के लिए बोलकर, वह एक मेज पर चिट्ठियाँ लिखने बैठ गया।

हर साल का अंत वह ऐसे ही करता था। वह पत्र लिखता था और सपने देखता था। वह एक तरह से अपने लिए उन चीजों का पुनरावलोकन करता था, जो पिछले नए साल के रोज से अब तक हुई थीं, जो अब बीत चुकी थीं और खत्म हो चुकी थीं। जैसे-जैसे उसके दोस्तों के चेहरे उसकी आँखों के आगे आते-जाते थे, वह उन्हें कुछ पंक्तियाँ लिखता था, पहली जनवरी की हार्दिक 'गुड मॉर्निंग' कहता था।

इस बार भी वह लिखने बैठ गया। उसने एक दराज खोली, उसमें से एक औरत की फोटो निकाली, कुछ देर तक उसे एकटक देखता रहा और फिर उसे चूम लिया। उसे एक कागज के पास रखकर उसने लिखना शुरू किया—

मेरी प्यारी आइरीन, अब तक तुम्हें मेरी भेजी वह छोटी सी निशानी मिल गई होगी। आज शाम मैंने अपने आपको बंद कर रखा है, ताकि मैं तुम्हें यहाँ बता सकूँ—

यहाँ आकर कलम रुक गई, जाक उठ गया और कमरे में इधर-से-उधर टहलने लगा।

पिछले छह महीने से उसकी एक प्रियतमा थी। वह दूसरों जैसी प्रियतमा नहीं थी। वह कोई थिएटर की दुनिया की या बदचलन मंडली की कोई औरत भी नहीं थी, जिसके साथ यों ही चलताऊ संबंध बन जाते हैं। वह तो एक ऐसी औरत थी, जिसे उसने प्यार किया था और जिसे वह जीता था। अब वह नौजवान नहीं रह गया था, हालाँकि अपेक्षाकृत अभी भी जवान था। वह जिंदगी को गंभीरता से, सकारात्मक और व्यावहारिक भाव से लेता था।

उसी के अनुसार वह अपनी प्रणय भावनाओं का लेखा-जोखा रखता था, जैसे वह खत्म हो जाने वाले या शुरू होने वाले नए दोस्ताना संबंधों का लेखा-जोखा रखता था। अपने जीवन में आए व्यक्तियों और हालात का लेखा-जोखा रखता था कि क्या खोया, क्या पाया? प्यार का उसका पहला जोश कुछ हलका हो गया था, इसलिए उसने किसी बनिए की तरह सटीक गुणा-भाग करते हुए अपने आपसे यह पूछा कि उस औरत के संबंध में उसके दिल की क्या हालत थी और उसने यह अनुमान लगाने की भी कोशिश की कि भविष्य में क्या होगा। उसे अपने दिल में बहुत ज्यादा और गहरा स्नेह मिला, जिसमें कोमलता थी, कृतज्ञता थी और थीं हजार बारीकियाँ, जो लंबे और सशक्त लगावों को जन्म देती हैं।

तभी घंटी बजी और वह चौंक गया। वह थोड़ा हिचकिचाया। क्या उसे दरवाजा खोल देना चाहिए? लेकिन उसने सोचा कि यह उसका कर्तव्य है कि वह ऐसे किसी भी अजनबी के लिए नए साल की इस रात को अपना दरवाजा खोल दे, चाहे वह कोई भी हो।

इसलिए उसने एक मोमबत्ती ली, आगे वाले कमरे से होता हुआ गया, सिटकनी हटाई, चाबी घुमाई, दरवाजा खोला और देखा कि सामने दीवार से टिकी उसकी प्रियतमा खड़ी थी। वह मुरदे सी पीली पड़ रही थी।

उसने भटकते हुए कहा, "क्या हुआ तुम्हें?"

उसने जवाब दिया, "अकेले हो?"

"हाँ।"

"नौकर तो नहीं है?"

"नहीं।"

"बाहर तो नहीं जा रहे हो?"

"नहीं।"

वह इस तरह से घुसी जैसे घर से परिचित हो। बैठक में पहुँचते ही वह सोफे में धँस गई और हाथों से मुँह ढाँपकर बुरी तरह से रोने लगी।

वह उसके कदमों पर घुटनों के बल बैठ गया। उसने उसके हाथ पकड़कर उन्हें उसके चेहरे से हटाया, ताकि उन्हें देख सके। वह बोला, "आइरीन, आइरीन! क्या हुआ तुम्हें? मेहरबानी करके मुझे बताओ कि तुम्हें हुआ क्या है?"

उसने सुबकते हुए धीमे से कहा, "अब मैं इस तरह और नहीं रह सकती।"

उसकी कुछ समझ में नहीं आया।

"इस तरह से तुम्हारा मतलब क्या है?"

''हाँ, अब मैं इस तरह और नहीं रह सकती। बहुत सह चुकी मैं। आज दोपहर बाद उन्होंने मुझे मारा।''

''किसने—तुम्हारे पति ने?''

''हाँ, मेरे पति ने।''

''अच्छा!''

वह चकित रह गया। उसने कभी शक भी नहीं किया था कि उसका पति वहशी भी हो सकता है। वह व्यावहारिक था, अच्छे तबके का था, क्लब जाता था, घोड़ों का प्रेमी था, थिएटर का शौकीन था और तलवारबाजी में दक्ष था; हर जगह लोग उसे जानते थे, उसकी बातें करते थे, उसकी तारीफ करते थे; बहुत शिष्ट था वह, लेकिन बुद्धि के मामले में बहुत साधारण है, उसमें तालीम और अच्छी तहजीब की कमी है; जो तमाम सभ्य लोगों की तरह सोचने के लिए जरूरी है।

वह अपनी पत्नी के प्रति समर्पित दिखाई देता था जैसा कि दौलतमंद और सभ्य लोगों के मामले में किसी आदमी को करना चाहिए। वह अपनी पत्नी की इच्छाओं, उसकी सेहत, उसके कपड़ों की काफी चिंता करता था, इसके अलावा उसने उसे पूरी तरह से आजाद छोड़ रखा था।

रैंडल, क्योंकि आइरीन का दोस्त बन चुका था, इसलिए उसे स्नेहपूर्वक उसका हाथ पकड़ने का अधिकार था, जिसका ऋणी अच्छी तमीज वाला हरेक पति अपनी पत्नी के घनिष्ठ परिचितों के प्रति होता है। और फिर जब जाक कुछ समय तक दोस्त रहने के बाद प्रेमी बन गया तो महिला के पति के साथ उसके संबंध और भी सौहार्द्रपूर्ण हो गए।

जाक ने कभी सपने में भी नहीं सोचा था कि इस घर में तूफान उठेगा। इस अप्रत्याशित जानकारी के उजागर होने पर वह डर गया।

उसने पूछा, ''यह हुआ कैसे? बताओ मुझे।''

तब उसने एक लंबी कहानी सुनाई, अपनी जिंदगी की पूरी कहानी, अपनी शादी के दिन से अब तक का पूरा किस्सा। कैसे पहली कहा-सुनी एक बहुत ही मामूली सी बात पर हुई थी, फिर बढ़कर अजनबीपन में तब्दील हो गई थी, जो दो विपरीत किस्म के किरदारों के बीच हर दिन बढ़ता जाता है।

फिर शुरू हुए झगड़े और बिलकुल अलगाव, जो दिखावटी नहीं वास्तविक थे, उसके बाद उसके पति ने अपना उग्र, शक्की और हिंसक रूप दिखाया। अब वह ईर्ष्यालु हो गया था, जाक को लेकर ईर्ष्यालु हो गया था। आज भी तमाशा खड़ा होने के बाद उसने उसे मारा था।

उसने फैसला करते हुए आगे कहा, ''मैं वापस वहाँ नहीं जाऊँगी। तुम मेरे साथ जो चाहो करो।''

जाक उसके सामने बैठ गया। उनके घुटने आपस में छू रहे थे। जाक ने उसके हाथ अपने हाथों में ले लिये। उसने कहा, ''मेरी जान! तुम एक भारी, एक लाइलाज मूर्खता करने जा रही हो। अगर तुम अपने पति को छोड़ना चाहती हो तो गलतियों को एक तरफ कर दो, ताकि तुम्हारी व्यावहारिक महिला वाली छवि बची रहे।''

उसने उसे बेचैनी से देखते हुए कहा, ''तो तुम मुझे क्या सलाह देते हो?''

''यही कि तुम घर वापस जाओ और वहाँ तब तक अपनी जिंदगी बिताओ, जब तक तुम इज्जत के साथ उससे अलग न हो जाओ या तलाक न ले लो।''

''तुम यह जो करने की सलाह मुझे दे रहे हो, यह थोड़ी कायरता नहीं होगी क्या?''

''नहीं, यह अकलमंदी है और सही भी। तुम्हें ऊँचा रुतबा, इज्जत बचानी है, दोस्तों को बनाए रखना है और रिश्तों को सँभालना है। तुम्हें महज अपनी सनक में इन सबको खो नहीं देना है।''

वह उठ खड़ी हुई और तमककर बोली, ''नहीं, रहने दो! अब मैं इसे और बरदाश्त नहीं कर सकती! यह खत्म हो चुका! खत्म हो चुका है यह सब!''

फिर अपने दोनों हाथ अपने प्रेमी के कंधों पर रखते हुए और सीधे उससे आँखें मिलाते हुए उसने पूछा, ''तुम मुझसे प्यार करते हो?''

''हाँ।''

''असल में और सच में?''

''हाँ?''

''फिर मुझे रख लो!''

वह बोला, ''तुम्हें रख लूँ? मेरे अपने घर में? यहाँ? अरे, तुम पागल हो। इसका मतलब यह होगा कि मैं तुम्हें हमेशा के लिए खो दूँगा, तुम्हें वापस पाने की उम्मीद भी नहीं रहेगी! तुम पागल हो!''

उसने धीमे-धीमे और गंभीर लहजे में उस औरत की तरह जवाब दिया, जो अपनी बातों का वजन समझती है—''सुनो जाक! उन्होंने मुझे मना किया है कि तुमसे फिर न मिलूँ और मैं तुम्हारे घर चोरी-चोरी आने का यह हास्य नाटक नहीं खेलूँगी। या तो तुम्हें मुझे खोना होगा या मुझे पाना होगा।''

''मेरी प्यारी आइरीन, अगर ऐसी बात है, तब तो तुम तलाक ले लो, मैं तुमसे शादी कर लूँगा।''

''हाँ, तुम मुझसे—जल्दी-से-जल्दी भी करोगे तो—दो साल में शादी कर लोगे। कितना धैर्यवान है न तुम्हारा प्यार।''

''देखो, सोचो! अगर तुम यहाँ रह जाती हो तो कल वह तुम्हें लेने आ जाएगा, क्योंकि वह तुम्हारा पति है, क्योंकि यह उसका हक है और कानून उसकी तरफ है।''

''मैंने तुमसे यह नहीं कहा जाक कि मुझे अपने घर में रखो, तुम जहाँ चाहो मुझे वहाँ ले जाओ। मैं तो सोचती थी कि तुम मुझे इतना प्यार करते हो कि तुम यही करोगे, लेकिन मैं गलत थी। अलविदा!''

वह घूमी और इतनी तेजी से दरवाजे की तरफ गई कि वह जब तक उसे पकड़ पाता, वह कमरे से बाहर जा चुकी थी।

''सुनो, आइरीन!''

वह अपने आपको छुड़ाने लगी। वह अब उसकी बात सुनना ही नहीं चाहती थी। उसकी आँखों में आँसू थे और होंठों पर बस यही शब्द थे—''मुझे अकेला छोड़ दो! मुझे अकेला छोड़ दो! मुझे अकेला छोड़ दो!''

उसने उसे जबरन बैठा दिया और एक बार फिर उसके कदमों में घुटनों के बल गिरते हुए, उसने उसके सामने कई तर्क रखे, कई सलाहें रखीं, ताकि वह जो करना चाहती थी, उसकी मूर्खता और उसके भयंकर जोखिम को समझ सके। वह उसे समझाने के लिए जो कुछ भी कहना जरूरी समझता था, उसमें उसने कोई कटौती नहीं की। उसके दिल में उसके लिए जो प्यार था, उसकी वजह से वह बाध्य था कि वह उसे मनाए।

वह क्योंकि चुप और उदासीन बनी हुई थी तो उसने उससे विनती की, चिरौरी की कि वह उसकी बात सुने, उस पर भरोसा करे और उसकी सलाह माने।

जब वह अपनी बात कह चुका तो उसने बस यह जवाब दिया—''अब मुझे जाने दोगो? अपने हाथ हटाओ तो मैं उठूँ।''

''इधर देखो, आइरीन!''

''मुझे जाने दोगे?''

''आइरीन—क्या तुम्हारा इरादा अटल है?''

''जाने दो मुझे।''

''मुझे बस इतना बता दो कि क्या यह इरादा, तुम्हारा यह मूर्खता भरा इरादा, जिस पर बाद में तुम्हें अफसोस होगा, क्या यह अटल है?''

''हाँ, मुझे जाने दो!''

"तो फिर रुक जाओ। तुम अच्छी तरह जानती हो कि यहाँ तुम बिलकुल घर जैसी हो। हम कल सुबह चल देंगे।"

वह उसकी अवहेलना करती हुई उठ खड़ी हुई और सख्त लहजे में बोली, "नहीं। अब बहुत देर हो चुकी है। मुझे बलिदान नहीं चाहिए। मुझे समर्पण चाहिए।"

"रुक जाओ! मैंने वह किया जो मुझे करना चाहिए था; मैंने वह कहा जो मुझे कहना चाहिए था। अब मेरी तुम्हारी तरफ से कोई जिम्मेदारी नहीं है। मेरा जमीर शांत है। अब बताओ तुम मुझसे क्या चाहती हो, मैं वही करूँगा।"

वह अपनी जगह पर फिर से बैठ गई, देर तक उसे देखती रही, फिर उसने बड़े शांत स्वर में कहा, "फिर, खुलकर बताओ।"

"यह क्या बात हुई? तुम मुझसे क्या खुलकर बताने की इच्छा रखती हो?"

"सबकुछ—वह सबकुछ, जो तुमने यह इरादा करने से पहले सोचा होगा, तब मैं देखूँगी कि मुझे क्या करना चाहिए।"

"लेकिन मैंने तो कुछ भी नहीं सोचा। मैं तुम्हें आगाह करना चाहता हूँ कि तुम मूर्खता का काम करने जा रही हो। तुम अड़ी हुई हो; तो मैं मूर्खता के इस काम में साझीदारी करना चाहता हूँ और इस पर जोर भी दे रहा हूँ।"

"इतनी जल्दी अपनी राय बदलना स्वाभाविक नहीं होता।"

"सुनो, मेरी जान! यहाँ सवाल बलिदान या समर्पण का नहीं है। जिस दिन मुझे यह अहसास हुआ कि मैं तुमसे प्यार करता हूँ तो मैंने अपने आपसे यह कहा था, जो हरेक प्रेमी को ऐसे मामले में कहना चाहिए कि 'जो आदमी किसी औरत से प्यार करता है, जो उसे जीतने की कोशिश करता है, जो उसे पाता है और जो उसे लेता है तो जहाँ तक उसका सरोकार है और जहाँ तक उस औरत का सरोकार है, वह एक पवित्र गठबंधन का अनुबंध करता है।' ध्यान रहे, यह तुम्हारे जैसी औरत से निपटने का सवाल है, किसी जज्बाती और दब्बू स्वभाव की औरत से निपटने का नहीं।

"शादी की बड़ी सामाजिक अहमियत होती है, बड़ी कानूनी अहमियत होती है, लेकिन जिन हालात में यह आम तौर पर होती है, उसे देखते हुए मेरी नजर में इसकी बहुत ही कम नैतिक अहमियत है।

"इसलिए जब ऐसी कोई औरत, जो इस कानूनी बंधन से तो अपने पति से बँधी होती है, लेकिन उससे कोई लगाव नहीं रखती, क्योंकि वह उससे प्यार नहीं कर सकती। जब ऐसी औरत जिसका दिल कोई बंधन नहीं मानता, जबकि वह

औरत किसी ऐसे आदमी से मिलती है, जिसकी वह परवाह करती है और अपने आपको उसे सौंप देती है। जब कोई ऐसा आदमी जिसका कोई और बंधन नहीं होता, जब वह उस औरत को इस तरह से लेता है तो मैं कहता हूँ कि मेयर के सामने 'हाँ' कहने के मुकाबले वे इस आपसी और स्वतंत्र समझौते से एक-दूसरे के लिए अधिक वचनबद्ध होते हैं।

"मैं कहता हूँ कि अगर वे दोनों इज्जतदार लोग हैं तो उनका मेल अधिक अंतरंग, अधिक वास्तविक, अधिक पुष्ट होगा ही, अपेक्षाकृत तब के जब उसे तमाम पवित्र संस्कारों से पवित्र किया गया हो।

"यह औरत सबकुछ जोखिम में डाल देती है। यह ठीक इसीलिए होता है, क्योंकि वह यह जानती है, क्योंकि वह सबकुछ दे देती है, अपना दिल, अपना शरीर, अपनी आत्मा, अपनी इज्जत, अपनी जिंदगी; क्योंकि उसने सारे दुखों, सारे खतरों, सारी आफतों को पहले से देख लिया होता है; क्योंकि वह एक हिम्मत वाला काम करने का एक बहादुरी का काम करने का दुस्साहस करती है; क्योंकि वह हरेक चीज का सामना करने को तैयार और कृत संकल्प रहती है—सामना करने को अपने पति का, जो उसकी जान ले सकता है और सामना करने को उस समाज का, जो उसे बाहर कर सकता है। इसलिए तो वह अपने पति के साथ बेवफाई करने में बहादुरी से काम लेती है; इसलिए तो उसे लेने में उसके प्रेमी ने भी सबकुछ पहले से देखा ही होगा और सभी चीजों से ज्यादा उसे पसंद किया होगा, चाहे कुछ भी हो जाए। इससे ज्यादा मुझे और कुछ नहीं कहना। शुरू में मैंने एक समझदार आदमी की तरह बात की थी, जिसका फर्ज था तुम्हें आगाह करना, लेकिन अब मुझमें बस एक आदमी रह गया है— वह आदमी, जो तुमसे प्यार करता है। तो फिर बोलो मुझे क्या करना है ?"

आइरीन ने खुश होकर उसके मुँह को अपने होंठों से बंद कर दिया और धीमे से उससे कहा, "यह सच नहीं है प्यारे! कुछ भी नहीं हुआ है! मेरे पति कोई शक नहीं करते, लेकिन मैं देखना चाहती थी, मैं जानना चाहती थी कि तुम क्या करोगे? मैंने हसरत की थी नए साल के तोहफे की—तुम्हारे दिल की, उस हार के अलावा एक और तोहफे की, जो तुमने अभी-अभी मुझे भेजा है। तुमने वह तोहफा मुझे दे दिया है। शुक्रिया! शुक्रिया! ईश्वर का धन्यवाद है, उस खुशी के लिए जो तुमने मुझे दी है!"

□

अवशेष

उन्होंने उसका अंतिम संस्कार सार्वजनिक रूप से बड़े शानदार ढंग से किया था, जैसे वे उन विजेता सिपाहियों का करते हैं, जिन्होंने अपने देश के गौरवशाली इतिहास में कुछ चमचमाते पन्ने जोड़े होते हैं, जिन्होंने बुझे हुए दिलों में हिम्मत जगाई होती है और जिन्होंने दूसरे राष्ट्रों पर अपने देश के ध्वज की अभिमानी छाया इस तरह डाली होती है, जैसे एक जुआ, जिसके नीचे वे लोग जोते जाते हैं, जिन्हें फिर कभी एक देश या स्वतंत्रता नसीब नहीं होनी होती।

एक पूरी चमकदार खामोश रात के दौरान, जब गिरते तारों को देखकर लोग अज्ञात देहांतरण और आत्माओं के पुनर्जन्म के बारे में सोच रहे थे, तब कवच पहने बुतों की तरह अपने घोड़ों पर अचल बैठे सैनिकों ने मृतक के ताबूत की निगरानी की थी, जो पुष्पचक्रों से ढका वीरों की ड्योढ़ी के नीचे रखा था, जिसके हरेक पत्थर पर एक वीर पुरुष और एक लड़ाई का नाम खुदा होता है।

पूरा शहर शोक में डूबा था, मानो उसने उसे खो दिया था, जिसने उनके दिल और प्यार पर कब्जा कर रखा था। भीड़ शां जे ली जे के छायादार मार्ग पर खामोशी से और सोच में डूबी आगे बढ़ रही थी। लोग उन यादगार तमगों और आम तसवीरों के लिए झगड़ से रहे थे, जो फेरी वाले बेच रहे थे या उन स्टैंडों पर चढ़े हुए थे, जो गली के छोकरों ने यहाँ-वहाँ खड़े कर रखे थे, जिन पर से वे भीड़ के सिरों के ऊपर से देख सकते थे।

प्लेस द ला कंकोर्ड में कुछ गंभीरता थी, जहाँ सिर से पाँव तक क्रेप से ढके बुतों का घेरा था, जो दूर से रोती और प्रार्थना करती विधवाओं जैसे दिखाई देते थे।

जां रामेल की अंतिम इच्छा के अनुसार, उसे विशिष्ट लोगों के समाधि-स्थल तक अभागे कंगालों की मुरदा-गाड़ी में ले जाया गया था, जो उन्हें आम कब्र तक

किसी मरियल और थके-हारे घोड़े की टेढ़ी-मेढ़ी दुल्की चाल से वहाँ तक ले जाती है।

उस भयानक, काली गाड़ी में कोई सजावटी वस्त्र, पंख या फूल नहीं लगे थे और उसके पीछे-पीछे मिनिस्टर और डिप्टी थे, कई सैनिक टुकड़ियाँ और उनके बैंड थे, उनके हेलमेट और तलवारों के ऊपर उनके झंडे लहरा रहे थे, राष्ट्रीय स्कूलों के बच्चे थे, प्रांतों से आए हुए प्रतिनिधि थे और कुरती पहने असंख्य पुरुषों-स्त्रियों व हर दिशा से आए दुकानदारों की भीड़ थी, ये सब बड़ा नाटकीय प्रभाव पैदा कर रहे थे। समाधि-स्थल की सीढ़ियों पर, ड्योढ़ी के विशाल खंभों के नीचे खड़े वक्ता लोग एक के बाद एक रामेल का महिमा-मंडन करते हुए अपनी आवाज को शोर से ऊपर रखने की कोशिश करते रहे, अपने शानदार समय पर जोर देते रहे और बड़े लचर तरीके से अपनी बात खत्म की; इससे लोग जम्हाई लेने लगे और धीरे-धीरे भीड़ छँट गई। लोगों ने याद किया कि वह कौन आदमी था, जिसकी मृत्यु के बाद उसे इतना सम्मान दिया जा रहा था और जिसे ऐसी अंतिम विदाई दी जा रही थी—वह था जां रामेल।

यह मधुर शब्दों वाला नाम याद दिलाता है एक ऐसे आदमी की, जिसके शेर जैसे चेहरे पर सफेद बाल बेतरतीब अयाल की तरह पीछे को पड़े रहते थे, नाक-नक्श ऐसे जैसे छैनी से तराशे गए हों, लेकिन जो इतने सशक्त थे और जिनमें इतनी सजीवता झलकती थी कि लोग उनका गँवारूपन और भद्दापन भूल जाते थे; घनी भौंहों के नीचे काली आँखें थीं, जो बिजली की तरह फैलती और चमकती थीं, कभी उन पर जैसे आँसुओं का परदा सा पड़ जाता था और कभी सौम्य कोमलता भर जाती थी; आवाज ऐसी, जो कभी ऐसे गरजती थी कि सुनने वालों में दहशत पैदा कर दे और तेज पाइपों से निकलते घने धुएँ से भरे कामगारों के किसी क्लब के हॉल को उससे प्रभावित हुए बिना भर दे और कभी उस पुरोहित की आवाज की तरह कोमल, प्रोत्साहित, प्रेरित करने वाली और स्निग्ध होती थी, जो स्वर्ग भेजने का वादा करता है या हमारे पापों से मुक्ति दिलवाता है।

यह उसका सौभाग्य रहा था कि उसे सताया गया, लोगों की नजरों में वह उस मिथ्या सूत्र की साक्षात् मूर्ति रहा, जो सभी सार्वजनिक भवनों में दिखता है, जो स्वर्णिम युग के उन तीन शब्दों, 'स्वतंत्रता, बंधुत्व और समानता' से बना है और जो उन लोगों के होंठों पर कुछ-कुछ दुख भरी मुसकान ला देता है—जो सोचते हैं, जो कष्ट उठाते हैं और जो शासन करते हैं। भाग्य उस पर मेहरबान रहा था, भाग्य ने उसे पाला था, कंधे पकड़कर आगे बढ़ाया था और जब वह अन्य तमाम

मूर्तियों की तरह ही गिर गया था तो उसे फिर से उसके आधार-स्तंभ पर स्थापित कर दिया था।

वह बोलता था लिखता था और वह यह करता था हमेशा उन तमाम दुखियों तक सुसमाचार पहुँचाने के लिए—चाहे वे समाज के किसी भी तबके के हों, उन लोगों का हाथ थामने के लिए और उनका बचाव करने के लिए, अन्याय और सख्ती की उस किताब 'संहिता' के अपमानजनक वचनों पर प्रहार करने के लिए, सच को साहस के साथ बोलने के लिए, भले ही यह उसके दुश्मनों पर कोड़े की तरह पड़े।

उसकी किताबें इंजील की तरह थीं, जिन्हें अध्याय-दर-अध्याय पढ़ा जाता है और अत्यंत निराश व दुःखी दिलवालों को गरमाहट देती थीं; उनमें से हरेक को तसल्ली, उम्मीद देती थीं और सपने दिखाती थीं।

उसने जीवनपर्यंत बहुत सादगी का जीवन जिया था। लगता था उसका कोई खर्चा नहीं था, उसने केवल एक बूढ़ा नौकर रखा हुआ था, जो उससे बास्क बोली में बात करता था।

वह जीवन-भर औरतों के फंदों-फरेबों से डरता रहा और प्यार के बारे में यह सोचता रहा कि यह केवल अमीरों और काहिलों के ऐश के लिए होता है और दिमाग को अस्थिर कर देता है तथा खयालों की तेजी में बाधा डालता है। जिंदगी के आखिरी दौर में, जब उसके बाल सफेद हो गए और माथे पर झुर्रियाँ पड़ गईं, तब यही शीलवान दार्शनिक एक मामूली आदमी की तरह खुद ही पकड़ में आ गया।

जैसे एकाकी संन्यासियों के दर्शन में होता है, वह कोई विचित्र रानी या जादूगरनी नहीं थी, जिसकी आँखों में सितारे और आवाज में जादू होता है, न ही कोई कुलटा औरत थी, जो देदीप्यमान और अपनी मीठी सुगंध वाली त्वचा के गुलाबी-सफेद पुष्पगुच्छ को रोशन करने के लिए उस प्रतीकात्मक दीपक को पकड़ती है, न ही वह भोग-विलास के सुखों की तलाश करती कोई औरत थी, जिसके कामुक आग्रहों को अपने वजूद की गहराइयों तक उत्तेजित हुए बिना सुनना किसी भी मर्द के लिए असंभव होता है। वह किसी परी-कथा की राजकुमारी भी नहीं थी और ऐसी कोई कमजोर सुंदरी भी नहीं थी, जो बूढ़े मरदों के जोश को फिर से जगाकर उन्हें सही रास्ते से भटकाने में दक्ष हो। वह अपने आदर्शों से चिढ़ी कोई औरत भी नहीं थी, जिसे सारे-के-सारे लोग एक से लगते हैं और जो सपने देखती है उन पुरुषों में से किसी के दिल को जगाने के, जो कष्ट उठाते हैं, जो इनसानी बदहाली को इतना झेलते हैं, जो एक अलौकिक प्रकाश के चक्र से घिरे

दिखाई देते हैं और जो सत्य, सुंदर और शिव के अलावा और कुछ नहीं जानते।

वह तो बस बीस बरस की एक लड़की थी, जो किसी जंगली फूल सी प्यारी थी, जिसकी हँसी में खनखनाहट थी, जिसके दाँत धवल थे और मन ऐसा निर्मल था जैसे एक नया आईना, जिसमें अभी तक किसी का अक्स नहीं पड़ा था।

उस समय वह अपने विचारों को अभिव्यक्त करने के जुर्म में निर्वासन झेल रहा था और एक इतालवी गाँव में रह रहा था। वह गाँव शाहबलूत के पेड़ों में छिपा था, एक इतनी सँकरी और पारदर्शी झील के किनारे बसा था कि कोई भी इस झील को किसी अमीर की मछलियों का तालाब या किसी बड़े उद्यान में पड़ा एक पन्ना समझने की भूल कर सकता था। इस गाँव में लाल खपरैल वाले करीब बीस मकान थे; चकमक पत्थर से खड़ी ढलानों पर बने रास्ते लताओं के बीच पहाड़ियों के पार्श्व तक जाते थे, जहाँ कृपा और भलाई से भरी माता मरियम उन पवित्र स्थलों से अपना अनुग्रह बिखेरती थी, जिनमें धूल अँटे गोटे के फूलों के गुच्छे रहते थे।

अपनी जिंदगी में पहली बार रामेल ने यह माना कि कुछ होंठ थे, जो दूसरों के मुकाबले अधिक वांछनीय, अधिक मुसकराते हुए थे। ऐसे केश थे, जिनमें उँगलियाँ फिराना रेशम की तरह ही रोचक होता होगा और जिन्हें चूमना भी सचमुच आनंददायक होता होगा, ऐसी आँखें थीं, जिनमें अनंत दुलार था। वह भटकता हुआ सीधे उस ग्राम्य कविता में चला गया, जिसने आखिर में उसे सच्चे सुख के दर्शन कराए और उस लड़की ने उसे एक बच्चा, एक लड़का दिया।

यही अकेला एक राज था, जिसे रामेल ने साथ छिपाया था और जिसके बारे में उसके दो-तीन पुराने दोस्तों के अलावा किसी को भी जानकारी नहीं थी। जहाँ वह अपने ऊपर दो पैसे खर्च करने में भी हिचकिचाता था और 'इंस्टीट्यूट' व 'चैंबर ऑफ डिप्टीज' जैसी जगहों पर जाने के लिए बस (ऑम्नीबस) के बाहर सफर करता था, वहीं पेपा किसी अमीर की तरह सुख की जिंदगी जीती थी, जिसे कल की चिंता नहीं थी। उसने अपने बेटे को एक नन्हे राजकुमार की तरह पाला, उसके लिए एक शिक्षक और तीन नौकर रखे, जिनका काम बस उसकी देखभाल करना था।

रामेल जो कुछ भी कमाता, उसकी प्रियतमा के हाथों में जाता था। जब उसे लगा कि उसका आखिरी समय नजदीक है और उसके बचने की कोई उम्मीद नहीं है तो उसने अपने पूरे होश-हवास में, अपनी बुझी-बुझी आँखों में आनंद के साथ पेपा को अपना नाम दे दिया और अपने तमाम दोस्तों के सामने उसे अपनी जायज विधवा बना दिया। पेपा को विरासत में अपने पूर्व प्रेमी का छोड़ा सबकुछ मिला,

उसकी किताबों की रॉयल्टी और उसकी पेंशन की सारी रकम मिली, जो सरकार उसे देती रही।

नन्हा रामेल इस संपूर्ण वैभव के बीच अद्भुत तरीके से फूला-फला। उसने अपने मन और अपनी सनक को कोई लगाम नहीं लगाई और उसकी माँ में उसे थोड़ा सा भी फटकारने की हिम्मत कभी नहीं हुई, जां रामेल जैसा उसमें कुछ भी नहीं था।

वह शरारतों का पुतला, लड़कियों जैसा एक बेहतरीन छैला और अपनी उम्र के हिसाब से कुछ ज्यादा ही दुष्ट था। वह फ्लोरेंस के दरबार में पाए जाने वाले उन चाकर लौंडों की याद दिलाता था, जो हमें 'डेकामेरन' कथा संग्रह में मिलते हैं और जो कुलीन महिलाओं के निकम्मे हाथों के खिलौने होते हैं।

वह बहुत अज्ञानी था, बहुत भाव में रहता था और बड़ी-बड़ी बाजियाँ लगाकर अपने बाप की उम्र के पुराने जुआरियों के साथ ताश खेलता था। जब यह उस व्यक्ति की याद का मखौल उड़ाता था, जिसे वह बूढ़ा आदमी कहता था और अपनी माँ को इसलिए सताता था, क्योंकि वह जां रामेल की पूजा और सराहना करती थी तो यह सुनकर बहुत दुःख होता था। उसकी माँ तो जां रामेल के बारे में इस तरह बात करती थी जैसे वह मरकर अर्धदेवता बन गया था, जैसा कि रोमन देवोत्पत्ति शास्त्र में होता है।

वह तो उस पवित्र स्थल यानी बैठक की पूरी व्यवस्था ही बदल देना चाहता था, जहाँ पेपा अपने पति की कुछ पांडुलिपियाँ, उसके बारंबार इस्तेमाल किए गए फर्नीचर, उसके उस पलंग को, जिस पर उसकी मौत हुई थी, उसकी कलमों को, उसके कपड़ों और उसके हथियारों को रखती थी। एक शाम जब उसकी समझ में यह नहीं आया कि स्थूलकाय टॉइनेट दानिशेफ की ओर से गृह प्रवेश के मौके पर दी जाने वाली मुखौटा पार्टी में वह ऐसी क्या पोशाक पहने जो बाकी सबसे मौलिक हो, तो अपनी माँ से एक भी शब्द कहे बिना, उसने शिक्षा-विद्वानों की वह पोशाक, तलवार, और कनटोप उतार लिये, जो जां रामेल के हुआ करते थे और उन्हें इस तरह पहन लिया जैसे 'प्रायश्चित्त मंगलवार' का छद्म वेश हो।

वह दुबला-पतला और पतली-पतली बाँहों तथा टाँगों वाला तो था ही, वे चौड़े कपड़े उस पर लटक गए। वह ऐसा लग रहा था कि देखकर हँसी आए; उसके कोट का कढ़ा हुआ घेर कालीन पर झाड़ू लगा रहा था और उसकी तलवार उसकी एड़ियों से टकरा रही थी। कुहनियाँ और कॉलर बहुत पहनने की वजह से चमकीले और चीकट हो रहे थे, क्योंकि मालिक ने इन्हें तब तक पहना था, जब

तक यह चीथड़ा नहीं बन गया था, ताकि दूसरा न खरीदना पड़े, इसे बदलने के बारे में तो उसने कभी नहीं सोचा था।

वह जबरदस्त कामयाब रहा। गोरी लीलीन ऐबलेट को तो उसकी मुद्राओं पर और उसके भेष पर इतनी हँसी आई कि उस रात उसने उसके लिए प्रिंस नूरूद्दीन को भी छोड़ दिया, हालाँकि प्रिंस ने उसके मकान का, उसके घोड़ों का और उसकी बाकी हर चीज का भी पैसा दिया था और उसे फालतू चीजों और जेबखर्च के लिए हर महीने छह हजार फ्रैंक देता था।

□

चोर

"सचमुच!" डॉ. सोरब्ये ने अचानक कहा। लग तो ऐसा रहा था जैसे वह किसी और विषय पर सोच रहे थे, लेकिन असल में वह चुपचाप चोरियों और दुस्साहिक कृत्यों की आश्चर्यजनक दास्तानों को सुन रहे थे, "सचमुच, मैं इससे अधिक गंदा पाप और इससे अधिक नीच काम किसी और को नहीं मानता, जितना इसे कि किसी लड़की की मासूमियत पर कोई हमला करे, उसे भ्रष्ट करे, अनजाने की कमजोरी और पागलपन के उस लम्हे का फायदा उठाए, जब उसका दिल एक डरी हुई कमसिन हिरनी की तरह धड़क रहा होता है, जब उसका अब तक बेदाग जिस्म इच्छा से स्पंदित हो रहा होता है और उसके निर्मल होंठ उसे फुसलाने वाले के होंठों को छूना चाहते हैं—जब उसका पूरा वजूद तपता है और समर्पण की हालत में होता है, वह अपने आपको समर्पित कर देती है और वह उसके असाध्य तनाव या अपने पतन या अगले दिन जागने पर होने वाले दर्द के बारे में नहीं सोचती।

"जो आदमी धीरे-धीरे और गंदे तरीके से इसे अंजाम देता है, कोई उसके शैतानी तरीके को नहीं बता सकता, जिसमें इतना धीरज और संयम नहीं होता कि उस ज्वाला को चंद बरफीले शब्दों से बुझा दे, जिसमें दोनों के लिए समझदारी नहीं होती, जो अपने आपको फिर से संयत नहीं कर पाता, अपने अंदर के भगोड़े पशु को काबू में नहीं कर पाता, जो उस खड़ी चट्टान के सिरे पर आकर अपना आपा खो बैठता है, जिससे वह लड़की गिरने वाली होती है, यह आदमी उतना ही घृणित होता है, जो ताला तोड़ता है या उस पाजी जितना जो इस तलाश में रहता है कि मकान ऐसा मिले, जिसकी सुरक्षा कोई नहीं कर रहा या ऐसे किसी दुस्साहसी की तरह, जो आसान और फायदे वाले धंधे की फिराक में रहता है या उस चोर की

तरह, जिसके कई कारनामों के बारे में आपने अभी-अभी हमें बताया है।

"जहाँ तक मेरा सवाल है तो मैं उसे बिलकुल भी माफ नहीं करूँगा, भले ही उसके पाप को कम करने वाले हालात उसके पक्ष में हों, भले ही वह ऐसे खतरनाक रोमांस में लगा हो, जिसमें आदमी अपना संतुलन बनाए रखने की और लॉन टेनिस की तरह ही खेल की सीमाओं से बाहर न जाने की नाकाम कोशिश करता है, भले ही किरदार पलट जाए और आदमी के सामने कोई उम्र से पहले जवान हो गई कोई उत्सुक, फुसलाने-बहकाने वाली लड़की हो, जो आपको फौरन यह जता देती है कि उसे कुछ नहीं सीखना और कुछ अनुभव नहीं करना, सिवा प्यार के अंतिम अध्याय के—ऐसी एक लड़की, जिससे नियति हमारे बेटों को बचाकर रखे और जिसे एक मनोवैज्ञानिक उपन्यास लेखक ने 'अर्धकुआँरी' का नाम दिया है।

"प्रत्येक पुरुष में वह जो भोथरा और अथाह अहंकार होता है और जिसे पुरुषवाद कहा जा सकता है, उसके लिए यह सचमुच मुश्किल और कष्टकर होता है कि वह ऐसी मीठी आग को न भड़काए। यूसुफ और मूर्ख की तरह करे, अपनी नजरें घुमा ले। जैसे यूलिसिस और उसके साथियों ने मायावी जलपरियों सायरन के अलौकिक और भरमा देने वाले गीतों से बचने के लिए अपने कानों में मोम डाल लिया था, वैसे ही करे। मुश्किल होता है एक कोरे कपड़े से ढकी उस सुंदर मेज को न छूना, जिस पर सबसे पहले बैठने के लिए आपको बहुत ही मादक आवाज में दावत दी जाती है। आपसे गुजारिश की जाती है कि आप अपनी प्यास बुझाएँ और उस नई शराब को चखें, जिसका नया और अनूठा स्वाद आप कभी नहीं भूलेंगे, लेकिन कौन हिचकिचाएगा ऐसा संयम बरतने से, अगर वह समझदारी के किसी पल में फटाफट अपने जमीर को जाँचे, जिसमें कोई पुरुष साफ-साफ सोचता है और अपना आपा वापस पा लेता है, अगर वह पाप की गंभीरता को समझे, गलती के बारे में सोचे, उसके नतीजों के बारे में सोचे, उसकी प्रतिक्रिया के बारे में सोचे, उस बेचैनी के बारे में सोचे; जिसे वह भविष्य में हमेशा महसूस करेगा और जिससे उसकी जिंदगी की शांति और खुशी नष्ट हो जाएगी।

"आप अंदाजा लगा सकते हैं कि जब मेरे जैसी सफेद दाढ़ीवाला कोई शख्स इस तरह के नैतिक विचार व्यक्त करता है तो उसमें कोई कहानी छिपी होती है, क्योंकि इस कहानी में दर्द है तो मुझे यकीन है कि इस अजीब बहादुरी वाले किस्से में आपको मजा आएगा।"

वह कुछ पल के लिए चुप हो गए, मानो अपनी यादों को समेट रहे हों और आरामकुरसी के हत्थों पर कुहनियाँ टिकाए शून्य में ताकते हुए उन्होंने अस्पताल के प्रोफेसर की तरह धीमी आवाज में कहना जारी रखा, जैसे प्रोफेसर मरीजों वाले पलंग के पास अपने विद्यार्थियों को किसी बीमारी के बारे में समझाता है—

''वह उन आदमियों में से था, जिसकी मुलाकात, जैसा कि हमारे दादा-परदादा कहा करते थे, कभी किसी बेरहम औरत से नहीं हुई थी। वह एक किस्म का दुस्साहसी सूरमा था, जो हमेशा शिकार की तलाश में रहता था। उसमें बदमाशों वाली कोई बात थी, लेकिन खतरे से उसे नफरत थी; वह लापरवाही की हद तक निडर था। आनंद की खोज वह जोश से करता था। उसमें गजब का आकर्षण था और वह उन आदमियों में से था, जिनकी बड़ी-से-बड़ी ज्यादती को हम दुनिया की सबसे अधिक स्वाभाविक चीज मानकर माफ कर देते हैं। अपना सारा पैसा उसने जुए में और खूबसूरत लड़कियों पर लुटा दिया था और अब वह भाग्य का सिपाही बन गया था, जो जब भी और जैसे भी संभव होता, अपना मनोरंजन करता था। उस समय वह वर्साय में रह रहा था।

''मैं उसे उसके बच्चों जैसे दिल की गहराइयों तक जानता था जिसे बहुत ही आसानी से भेदा और नापा जा सकता था। मैं उसे वैसे ही प्यार करता था जैसे कोई बूढ़ा कुँआरा चाचा अपने उस भतीजे से करता है, जो उसके साथ शैतानियाँ करता है, लेकिन वह उसे फुसलाना और बहलाना जानता है। उसने मुझे सलाहकार से ज्यादा अपना हमराज बना रखा था और अपनी छोटी-से-छोटी चाल के बारे में बता देता था; हालाँकि वह इसे इस तरह बताता था जैसे अपनी नहीं, किसी दोस्त की बात कर रहा हो। मैं यह मानता हूँ कि उसकी जवाँदिल जल्दबाजी, उसकी लापरवाह मस्ती और उसका कामुक जोश कभी-कभी मेरे खयालों को भटका देता था, मुझे ईर्ष्या हो जाती थी। उस खूबसूरत, दमदार नौजवान से, जो जिंदा रहकर इतना खुश था। मुझमें इतनी हिम्मत नहीं होती थी कि उसे टोकूँ, उसे उसका सही रास्ता दिखाऊँ और उससे कहूँ—'सँभलकर!' जैसे बच्चे किसी अंधे से कहते हैं।

''एक दिन, उस सामूहिक नाच के बाद जहाँ घोड़े एक-दूसरे को घंटों के लिए नहीं छोड़ते बल्कि उन्हें पूरी छूट रहती है और वे किसी की नजर में आए बिना एक साथ गायब हो सकते हैं। उस बेचारे को आखिर पता चल ही गया कि प्यार क्या होता है, वह सच्चा प्यार जो दिल के बीचोबीच और दिमाग में अपना घर बना लेता है। वहाँ होने पर गर्व करता है और एक सम्राट् और अत्याचारी

मालिक की तरह राज करता है। वह एक खूबसूरत, लेकिन ऐसी लड़की पर दीवाना हो गया, जिसको अच्छी तरह से पाला नहीं गया था। जो इतनी ही परेशान करने वाली और बिगड़ैल थी, जितनी वह सुंदर थी।

"लेकिन वह उसे प्यार करती थी, बल्कि वह बेलगाम और पागल होकर अपनी पूरी आनंदित आत्मा से और अपने पूरे उत्तेजित शरीर से उसे पूजती थी। उसके नासमझ और मूर्ख माँ-बाप ने उसे उसकी मनमानी करने की आजादी दे रखी थी। वह कॉन्वेंट की बुरी सोहबत में रही थी। उससे उसकी दिमागी हालत भी खराब हो गई थी। वह अपने आसपास, जो कुछ होता हुआ देखती-सुनती और जानती थी, उसी से सीखती थी। उस लड़की ने अपने कपट भरे और नकली व्यवहार के बावजूद यह जानते हुए भी कि उसके नस्ल के अभिमान में डूबे और लालची माँ-बाप कभी इस बात पर राजी नहीं होंगे कि वह अपनी पसंद के उस लड़के से शादी करे, उस खूबसूरत लड़के से, जिसके पास दूरदर्शी विचारों और कर्जों के अलावा और कुछ नहीं था और जो मध्यम वर्ग का था—उसने अपनी तमाम सूझ-बूझ को किनारे कर दिया, बस पूरी तरह से उसकी हो जाने के अलावा उसे अपना प्रेमी बनाने के अलावा और उसके विरोध पर काबू पाने के अलावा सब खयालों को छोड़ दिया।

"धीरे-धीरे उस अभागे आदमी की हिम्मत जवाब दे गई। उसका दिल कोमल हो गया। उसकी नसें उत्तेजित हो गईं। वह उस धारा में बह चला, जिसने उसे थपेड़े मारे, उसे घेर लिया और उसे एक अनाथ तथा भटके हुए की तरह किनारे पर छोड़ दिया।"

"वे एक-दूसरे को प्रलोभन और पागलपन से भरे पत्र लिखने लगे। एक दिन भी ऐसा नहीं जाता था, जब वे एक तरह से अनजाने में ही या किसी पार्टी या नाच में नहीं मिलते हों। लड़की ने उसे लंबे प्रगाढ़ आलिंगनों में अपने होंठ दिए और अपनी दोतरफा वासना पर चाहत और उम्मीद की मुहर लगा दी थी। आखिर में वह उसे अपने कमरे पर लेकर आई, हालाँकि वह ऐसा चाहती नहीं थी।"

डॉक्टर यहाँ आकर रुक गए। उनकी आँखों में अचानक आँसू भर आए, क्योंकि इन्हें याद कर वह परेशान हो गए थे, फिर वह जो बताने जा रहे थे, उसकी भयावहता से आहत होकर उन्होंने भर्राई आवाज में कहना शुरू किया—

"महीनों तक हर रात वह बगीचे की दीवार फाँदकर किसी सेंधमार की तरह उससे मिलने जाता रहा। दीवार फाँदकर वह अपनी साँस रोककर किसी

हलकी सी आवाज पर भी कान लगाता और नौकरों के दरवाजे से अंदर घुसता था, जिसे वह खुला छोड़ देती थी, फिर वह नंगे पाँव एक लंबे गलियारे से होता हुआ बीच-बीच में चरमराती चौड़ी सीढ़ियाँ चढ़कर दूसरी मंजिल पर जाता था, जहाँ उसकी प्रियतमा का कमरा था। वहाँ वह करीब पूरी रात ठहरता था।

"एक रात जब और दिनों से ज्यादा अँधेरा था और वह हड़बड़ी में था कि कहीं तय समय से देर न हो जाए तो सामने के कमरे में वह फर्नीचर से टकरा गया और वह गिर गया। हुआ यह कि लड़की की माँ सिरदर्द की वजह से या देर तक कोई उपन्यास पढ़ते रहने के कारण अभी तक सोई नहीं थी। घर की खामोशी को तोड़ने वाली उस असामान्य आवाज से वह डर गई और बिस्तर से कूद पड़ी। उसने दरवाजा खोला और धुँधला सा देखा कि कोई भाग रहा था और दीवार के पास खड़ा हुआ था। उसने एकदम सोचा कि घर में चोर घुस आए हैं, उसने चीख-चीखकर अपने पति और नौकरों को उठा दिया। अभागे आदमी की समझ में आ गया कि क्या हो रहा है। अपने संकट को देखकर उसने ठान लिया कि वह अपनी पूज्य प्रियतमा को बेइज्जत करने और दोनों के इस अपराधी प्यार का राज उगलने के बजाय एक साधारण चोर की तरह पेश होगा। वह भागकर बैठक में घुस गया। उसने मेजों पर और न जाने कहाँ-कहाँ टटोला, जो कुछ भी कीमती या और कुछ हाथ में आया, उसे जेब में भर लिया, फिर वह एक बड़े कमरे के कोने में रखे एक शानदार पियानो के पीछे दुबक गया।

"जली मोमबत्तियाँ लिये वहाँ पहुँचे नौकरों ने उसे वहाँ देख लिया और उस पर लानत बरसाते हुए उन्होंने उसे कॉलर से पकड़ लिया। उसे घसीटते हुए सबसे पास के पुलिस थाने ले गए। वह हाँफ रहा था और शरम तथा दहशत के मारे अधमरा हो गया था। जब उसे मुकदमे के लिए पेश किया गया तो उसने जान-बूझकर अटपटे ढंग से अपना बचाव किया। उसने पूरी तरह से अपने आप पर काबू रखते हुए अपना किरदार निभाया। अपने दिल में वह जिस निराशा और पीड़ा को महसूस कर रहा था, उसको उसने बिलकुल दिखने नहीं दिया। एक मर्द और एक सिपाही के तौर पर उसकी निंदा हुई, अपमान हुआ और फिर वह बलिदान हो गया, लेकिन उसने कोई विरोध नहीं किया बल्कि एक ऐसे अपराधी की तरह जेल चला गया, जिसे समाज जहरीले कीड़े की तरह नष्ट कर देता है।

"वहाँ वह दुःख और मन की कड़वाहट साथ लिये मर गया। मरते समय वह उस सफेद बालों वाली प्रतिमा का नाम ही लेता रहा, जिसके लिए उसने अपना बलिदान कर दिया था मानो वह कोई परम आनंद देने वाली प्रार्थना हो।

उसने अपनी वसीयत उस पुरोहित को सौंप दी, जिसने उसका मृत्यु-पूर्व संस्कार किया और उससे गुजारिश की कि उसे मुझे दे दे। इसमें उसने किसी का नाम लिये बिना और राज पर से परदा उठाए बिना आखिर ये में उस रहस्य का खुलासा किया था और अपने आपको उन आरोपों से, उस भयंकर बोझ से मुक्त किया था, जिसे वह अपनी आखिरी साँस तक ढोता रहा था।

''मैं पता नहीं क्यों, हमेशा से यह सोचता रहा हूँ कि उस लड़की ने जरूर शादी कर ली होगी। उसके कई प्यारे बच्चे हुए होंगे, जिन्हें उसने सादगी और सख्ती से तथा पुराने दिनों की गंभीर पवित्रता में पाला होगा!''

□

मैडम बैपटिस्ट

मैं जब लूबें स्टेशन के वेटिंग-रूम में घुसा तो सबसे पहला काम यह किया कि वहाँ घड़ी को देखा। मतलब पेरिस एक्सप्रेस के लिए मुझे दो घंटे बीस मिनट इंतजार करना होगा।

अचानक मुझे थकान सी लगने लगी, जैसे मैं बीस मील पैदल चलकर आया होऊँ, फिर मैंने इधर-उधर नजर दौड़ाई, जैसे स्टेशन की दीवारों पर मुझे समय बिताने का कोई जरिया मिल जाएगा। हारकर मैं फिर से बाहर निकल गया और स्टेशन-गेट के बाहर रुककर अपने दिमाग को टटोलने लगा कि कुछ करने को मिल जाए। वहाँ की सड़क एक तरह से एक छायादार मार्ग ही था जिसके किनारे बबूल के पेड़ लगे थे। यह मार्ग छोटे-बड़े आकार के और अलग-अलग ढंग से बने मकानों की दो कतारों के बीच चला गया था। ये ऐसे मकान थे, जो छोटे कसबों में ही देखने को मिलते हैं। सड़क एक हलकी सी पहाड़ी पर चली गई थी, जिसके छोर पर कुछ पेड़ थे मानो यह एक पार्क में जाकर खत्म होती हो।

जब-तब कोई बिल्ली सड़क पार करती और होशियारी से गटरों पर से कूद जाती थी। एक पिल्ला हरेक पेड़ को सूँघता और रसोईघरों से बचे-खुचे टुकड़े झपटने की फिराक में था, लेकिन इनसान मुझे एक भी नहीं दिखाई दिया। मैं बेचैन और हताश हो गया। अब मैं क्या करता ? मैं अभी उस विकल्प के बारे में सोच ही रहा था कि रेलवे स्टेशन के उस छोटे से कैफे में जाऊँ, जहाँ बैठकर मुझे बेहद अरुचिकर बीयर पीनी पड़ेगी और एक नहीं पढ़ा जा सकने वाला अखबार पढ़ना पड़ेगा, तभी मुझे एक शवयात्रा दिखाई दी, जो एक बगल की गली से निकलकर उस मार्ग पर आई, जहाँ मैं खड़ा था और शवगाड़ी देखकर मुझे राहत मिली। इससे कम-से-कम दस मिनट के लिए तो मेरे पास कुछ करने को होगा ही।

लेकिन अचानक मेरी जिज्ञासा जागी। लाश के पीछे आठ सज्जन थे, जिनमें से एक तो रो रहा था, जबकि बाकी आपस में बतियाते जा रहे थे। उनके साथ कोई पुरोहित नहीं था, जिससे मैंने अपने मन में कहा—'यह एक गैर-धार्मिक अंतिम संस्कार है।' फिर मैंने सोचा कि लूबैं जैसे कसबे में धार्मिक विचारों का त्याग करके सोचने वाले कम-से-कम सौ स्वतंत्र चिंतक तो होंगे ही, जो अपने आपको दिखा सकते थे। तो फिर यह क्या हो सकता था? शवयात्रा जिस रफ्तार से जा रही थी, उससे तो यही साबित होता था कि लाश को बिना किसी संस्कार के दफनाया जाना था, इसलिए उसमें धर्म का कोई दखल नहीं होना था।

जिज्ञासा में भरकर मैं बड़े पेचीदा अनुमान लगाने लगा और जब शवगाड़ी मेरे पास से निकली तो मेरे मन में एक अजीब खयाल आया कि मैं भी उन आठ सज्जनों के साथ उसके पीछे चलूँ। उससे मेरा कम-से-कम एक घंटा तो निकल ही जाता, इसलिए मैं भी उदास चेहरा लिये उनके साथ-साथ चलने लगा। यह देखकर सबसे पीछे चल रहे दो सज्जन चकित होकर पीछे घूमे और फिर धीमे-धीमे एक-दूसरे से कुछ कहने लगे।

बेशक वे एक-दूसरे से यही पूछ रहे थे कि क्या मैं इस कसबे का रहनेवाला हूँ, फिर उन्होंने अपने आगे चल रहे दो सज्जनों से पता किया और वे भी मुझे घूरने लगे। वे जिस तरह से मुझ पर गौर कर रहे थे, उससे मैं नाराज हो गया और इस बात को खत्म करने के इरादे से मैं उनके पास पहुँचा और उन्हें झुककर अभिवादन करने के बाद कहा—"माफ करें जनाब, आपकी बातचीत में दखल देने के लिए, लेकिन मैं तो सिविल फ्यूनरल देखकर पीछे-पीछे चला आया; हालाँकि मैं तो यह भी नहीं जानता कि यह मृतक सज्जन कौन हैं, जिनके साथ आप चल रहे हैं?"

"सज्जन नहीं, महिला है।" उनमें से एक ने कहा।

यह सुनकर मुझे बहुत ताज्जुब हुआ और मैंने पूछा—"लेकिन यह तो सिविल फ्यूनरल है न, क्यों?"

तब दूसरे सज्जन ने, जो मुझे सबकुछ बताना चाहता था, मुझसे कहा, "है भी और नहीं भी। पादरियों ने हमें चर्च का इस्तेमाल करने को मना कर दिया है।"

यह सुनकर आश्चर्य से मेरे मुँह से 'आ-ह' निकल गई। मेरी समझ में कुछ नहीं आया, लेकिन मुझ पर उपकार करने को उत्सुक मेरे उस पड़ोसी ने आगे कहा—"यह जरा लंबी कहानी है। इस जवान औरत ने खुदकुशी कर ली थी और यही वजह है कि उसे किसी धार्मिक संस्कार के साथ दफनाया नहीं जा सकता। जो शरीफ आदमी सबसे आगे चल रहा है और रो रहा है, वह इसका पति है।"

मैंने थोड़ा हिचकिचाते हुए जवाब दिया—"आपकी बात से मुझे बहुत ज्यादा ताज्जुब हो रहा है और दिलचस्पी भी। अगर मैं आपसे इस पूरे मामले की तफसील जानना चाहूँ तो मेरी नामाकूली तो नहीं होगी ? अगर मैं आपको परेशान कर रहा हूँ तो सोच लीजिए कि मैंने आपसे इस बारे में कुछ नहीं कहा।"

उस शरीफ आदमी ने ऐसे मेरा हाथ पकड़ लिया, जैसे हम एक-दूसरे से परिचित हों।

"बिलकुल नहीं, बिलकुल नहीं! आइए, दूसरों से थोड़ा पीछे रुक लेते हैं, मैं आपको इस बारे में बताऊँगा; हालाँकि बड़ी दुःख भरी कहानी है यह। कब्रिस्तान पहुँचने से पहले हमारे पास काफी वक्त है, क्योंकि वह वहाँ है, जहाँ वे पेड़ दिखाई दे रहे हैं और इस पहाड़ी पर चढ़ने में थोड़ी मुश्किल भी होगी।"

उसने कहना शुरू किया—"यह जवान औरत, मैडम पॉल आमो, पड़ोस के एक रईस व्यापारी फोंटानेल महोदय की बेटी थी। जब वह ग्यारह साल की छोटी बच्ची ही थी, तब उसके साथ एक भयंकर हादसा हुआ। एक नौकर ने उसके साथ गलत काम कर दिया। वह तो जैसे मर ही गई और उस आदमी ने जितने वहशीपन से यह काम किया था, उससे उसकी करतूत का पता चल गया। एक जबरदस्त आपराधिक मामला दर्ज हुआ और यह साबित हो गया कि उस वहशी ने तीन महीनों तक उस मासूम को अपनी हवस का शिकार बनाया था, तब उसे उम्र कैद की सजा सुनाई गई।

"नन्ही लड़की अपनी बेइज्जती का कलंक लेकर बड़ी हुई। वह अलग-थलग पड़ गई थी। उसका कोई साथी नहीं था और बड़े लोग भी उसे चूमने से बचते थे, क्योंकि वे सोचते थे कि अगर उन्होंने उसके माथे को चूमा तो उनके होंठ गंदे हो जाएँगे। वह एक तरह की दैत्य बन गई। पूरे कसबे के लिए एक घटना बन गई। लोग धीमे से एक-दूसरे से कहते—'नन्ही फोंटानेल को जानते हो तुम' और जब वह सड़कों पर निकलती तो सब उससे मुँह फेर लेते। उसके माँ-बाप उसके लिए कोई आया भी नहीं रख पाए कि वह उसे घुमाने बाहर ले जाती। दूसरे नौकर उससे दूर-दूर रहते, जैसे उसके पास आने से उन पर जहर चढ़ जाएगा।

"जब बच्चे हर दोपहर बाद खेलते तो उस बेचारी बच्ची को देखकर तरस आता था। वह चुपचाप अपने में सिमटी अपनी नौकरानी के पास खड़ी-खड़ी दूसरे बच्चों को मजे करते देखती रहती थी। कभी-कभी दूसरे बच्चों के साथ मिलने की इच्छा को वह दबा नहीं पाती थी और सहमी-सहमी, घबराई सी आगे बढ़ती, चोर कदमों से किसी टोली से जा मिलती थी, जैसे अपनी बदनामी के बारे में वह सचेत

हो, तभी एकदम से माँएँ, चाचियाँ-ताइयाँ और आयाएँ दौड़ती हुई आ जाती और उनकी देख-रेख में दिए गए बच्चों को हाथ पकड़कर जंगलियों की तरह खींचती वहाँ से ले जाती थीं।

"नन्ही फोंटानेल अकेली, अभागी रह जाती, उसकी समझ में नहीं आता कि इसका क्या मतलब है, उसका दिल दुख से टूट जाता। वह रोने लगती, फिर वह सुबकती हुई दौड़ जाती और अपनी आया की गोद में अपना सिर छिपा लेती।

"जब वह बड़ी हुई तो स्थिति और भी खराब हो गई। लोग लड़कियों को उससे दूर रखते, मानो उसे प्लेग हो गया हो। याद रखने वाली बात है कि उसे कुछ भी नहीं सीखना था, कुछ भी नहीं; अब उसे दुलहन बनने का अधिकार नहीं रह गया था; वह पढ़ने लायक होने से पहले ही उस रहस्य को जान चुकी थी, जिसका अंदाजा भी माँएँ अपनी बेटियों को नहीं लगने देतीं और उनकी शादी की रात भी उन्हें वह सब बताने में वे काँप जाती हैं।

"जब वह सड़कों से, गलियों से गुजरती थी तो हमेशा उसके हाथ एक गवर्नेस होती थी मानो उसके माँ-बाप को डर था कि उसके साथ फिर से कोई नई भयंकर अनहोनी न हो जाए, ऐसे में उसकी आँखें उस रहस्यमय अपमान से झुकी रहती थीं, जिसका बोझ वह हमेशा अपने ऊपर महसूस करती थी। ऐसे में दूसरी लड़कियाँ, जो खुद इतनी मासूम नहीं थीं, जितना लोग उन्हें समझते थे, उसकी तरफ जान-बूझकर देखती थीं और कुछ-कुछ फुसफुसातीं, खी-खी करती थीं और अगर वह उनकी तरफ देख लेती थी तो वे फौरन अन्यमनस्क होकर मुँह फेर लेती थीं। बहुत कम लोग उससे अभिवादन करते थे; बस कुछ ही आदमी थे, जो अभिवादन में उसके लिए सिर झुकाते थे। माँएँ उसे न देखने का बहाना करती थीं, जबकि कुछ बदमाश उसे उस नौकर के नाम पर 'मैडम बैपटिस्ट' कहते थे, जिसने उसे बरबाद किया था।

"कोई भी उसके मन की आंतरिक पीड़ा को नहीं समझता था, क्योंकि वह बोलती बहुत ही कम थी और हँसती बिलकुल भी नहीं थी। खुद उसके माँ-बाप उसकी मौजूदगी में अपने आपको असहज महसूस करते थे, मानो उन्हें किसी असाध्य अपराध के लिए उससे लगातार शिकायत थी।

"कोई ईमानदार आदमी अपना हाथ किसी आजाद मुजरिम को जान-बूझकर नहीं देगा, भले ही वह मुजरिम उसका अपना ही बेटा हो, क्यों? और उस लड़की के माँ-बाप अपनी बेटी को वैसे ही देखते थे, जैसे वे अपने उस बेटे को देखते, जो अभी-अभी जेल से छूटा हो। वह खूबसूरत और पीली, छरहरी, देखने में सबसे

अलग थी और जनाब, अगर उसके साथ वह दुर्भाग्यपूर्ण घटना न जुड़ी होती तो मुझे वह बहुत पसंद आती।

''देखिए, अट्ठारह महीने पहले जब यहाँ एक नए उप-प्रशासक की नियुक्ति हुई तो वह अपने प्राइवेट सेक्रेटरी को भी साथ लेकर आए। वह एक अजीब किस्म का इनसान था, लगता है वह पेरिस में विद्यार्थियों के इलाके लैटिन क्वार्टर में रहता था। उसने कुमारी फोंटानेल को देखा और उससे प्यार करने लगा। जब उसे उस घटना के बारे में बताया गया तो उसने बस इतना कहा, 'वाह! यह तो भविष्य की गारंटी है और मैं तो कहूँगा कि यह अच्छा ही हुआ कि मेरे शादी करने के बाद न होकर यह पहले ही हो गया। इस औरत के साथ मैं चैन से सोऊँगा।'

''उसने उससे प्रणय निवेदन किया, उसका हाथ माँगा और उससे शादी कर ली, फिर क्योंकि उसमें निडरता की कमी नहीं थी, वह लोगों से इस तरह मिलने गया जैसे कुछ हुआ ही न हो। कुछ लोगों ने उन्हें लौटा दिया, दूसरों ने नहीं लौटाया, लेकिन आखिर में लोग उस घटना को भूलने लगे और लड़की को समाज में उसकी सही जगह मिल गई।

''वह अपने पति को देवता की तरह पूजती थी, क्योंकि उसने उसे उसकी इज्जत, उसकी सामाजिक जिंदगी वापस दी थी और लोगों की राय को धता बता दिया था, अपमान सहे थे और थोड़े में कहें तो ऐसा हिम्मत का काम किया था, जो बहुत कम आदमी कर पाते हैं। उसके दिल में अपने पति के लिए अपार प्यार था।

''जब वह गर्भवती हो गई और लोगों को इसका पता चल गया तो सबसे खास लोगों और सबसे ज्यादा हुज्जत करने वालों ने भी उसके लिए अपने दरवाजे खोल दिए, जैसे मातृत्व ने उसे सचमुच शुद्ध कर दिया था।

''है तो यह हँसने वाली बात, लेकिन सच है। सब कुछ अपने हिसाब से ठीक चल रहा था कि अभी उस दिन हमारे कसबे के संरक्षक संत का भोज पड़ा। अपने कर्मचारियों और अधिकारियों से घिरे उप-प्रशासक ने संगीत प्रतियोगिता की अध्यक्षता की और जब उन्होंने अपना भाषण पूरा कर लिया तो पदक बाँटने की बारी आई। उनके निजी सचिव पॉल आमो ने विजेताओं को पदक पकड़ाए।

''आप तो जानते ही हैं, ऐसे लोग तो हमेशा होते ही हैं जो ईर्ष्या और वैर भाव की वजह से सारी मर्यादा भूल जाते हैं। कसबे की सारी भद्र महिलाएँ मंच पर थीं। अपनी बारी आने पर मूर मिलिओन गाँव का बैंड मास्टर वहाँ आया। इस बैंड को दूसरे दरजे का पदक मिलना था, क्योंकि सभी को तो पहले दरजे का पदक नहीं दिया जा सकता? जब निजी सचिव ने उसे उसका पदक पकड़ाया तो उस

आदमी ने उसे उसके मुँह पर दे मारा और तमकदार बोला—'यह मेडल तुम बैपटिस्ट के लिए रखो। तुम पर उसका पहले दरजे का मेडल बकाया है, जैसे मेरा भी है।'

''वहाँ बहुत सारे लोग थे, जो हँसने लगे। आम लोग न तो उदार होते हैं और न सभ्य। सबकी आँखें उस बेचारी महिला की तरफ उठ गईं। आपने कभी किसी औरत को पागल होते देखा है जनाब? देखिए, हम वहाँ मौजूद थे! वह खड़ी हो गई और लगातार तीन बार पीछे अपनी कुरसी पर गिरी, मानो वहाँ से बचकर भाग जाना चाहती हो, लेकिन उसने देखा कि वह भीड़ में से होकर नहीं निकल सकती, फिर भीड़ से एक और आवाज आई—'अरे! अरे! मैडम बैपटिस्ट!'

और फिर भीड़ से हँसी और रोष का मिला-जुला शोर उठा। बार-बार इस शब्द को दोहराया गया; लोग उस दुखी औरत का चेहरा देखने के लिए पंजों के बल खड़े हो गए। आदमियों ने अपनी बीवियों को बाँहों में उठा लिया, ताकि वे उसे देख सकें। लोग पूछने लगे—'कौन सी है वह? वह नीले कपड़ों वाली?'

''लड़के मुरगों की तरह बाँग देने लगे और हर तरफ से हँसने की आवाजें आने लगीं।

''अब वह अपनी कुरसी पर हिल-डुल भी नहीं रही थी, मानो भीड़ को दिखाने के लिए उसे वहाँ जड़ दिया गया था। वह न तो हिल-डुल सकती थी, न गायब हो सकती थी और न ही अपना चेहरा छिपा सकती थी। उसकी पलकें जल्दी-जल्दी झपक रही थीं जैसे एक साफ रोशनी उसके चेहरे पर चमक रही हो और ऐसे हाँफ रही थी जैसे खड़ी चढ़ाई वाली पहाड़ी पर चढ़ते समय घोड़ा हाँफता है। ऐसा दृश्य था कि देखने वाले का दिल ही टूट जाए। बहरहाल, इस बीच जनाब आमो ने उस बदमाश का गला पकड़ लिया था और वे अफरा-तफरी के माहौल में एक-दूसरे को लेकर जमीन पर लुढ़क रहे थे। समारोह बीच में ही रुक गया था।

''एक घंटे बाद, जब आमो और उसकी पत्नी घर लौट रहे थे तो वह जवान औरत, जो उस बेइज्जती के बाद से एक शब्द नहीं बोली थी और जो ऐसे काँप रही थी जैसे उसकी तमाम नसें स्प्रिंग से हिला दी गई थीं, वह जवान औरत अचानक उछलकर पुल की दीवार पर चढ़ गई और इससे पहले कि उसका पति उसे रोक पाता, वह नदी में कूद गई। मेहराबों के नीचे पानी बहुत गहरा है, उसकी लाश मिलने में दो घंटे लग गए। वह मर चुकी थी।''

यहाँ आकर वह आदमी रुक गया और आगे बोला—''उस स्थिति में उसके

लिए शायद यही करना सबसे अच्छा था। कुछ बातें ऐसी होती हैं, जिन्हें मिटाया नहीं जा सकता। अब आप समझ ही गए होंगे कि पादरी ने उसे चर्च में लाने देने से क्यों मना कर दिया। आह! अगर यह धार्मिक अंतिम संस्कार होता तो सारा कसबा यहाँ मौजूद होता, लेकिन आप समझ सकते हैं कि उसकी खुदकुशी और उस घटना की वजह से परिवार उसके अंतिम संस्कार में शामिल नहीं हो रहा है, फिर ऐसे अंतिम संस्कार में शरीक होना यहाँ कोई आसान बात नहीं है, जो धार्मिक रीति से नहीं हो रहा हो।''

हम कब्रिस्तान के गेट से होकर आगे बढ़े। इस कहानी ने मुझे इतना अधिक प्रभावित किया कि मैं ताबूत को कब्र में उतारे जाने तक वहीं रुका रहा, फिर मैं बेचारे पति के पास गया, जो जोर-जोर से सुबक रहा था। मैंने गरमजोशी से उसका हाथ दबाया। उसने आँसुओं से तर अपनी आँखों से चकित होकर मुझे देखा और बोला—''शुक्रिया, जनाब!''

मुझे इस बात का अफसोस नहीं हुआ कि मैं शवयात्रा के पीछे-पीछे क्यों चला आया।

□

व्यर्थ सौंदर्य

एक बहुत शानदार बग्घी हवेली के सामने आकर खड़ी हुई। उसमें दो खूबसूरत काले घोड़े जुते हुए थे। जून महीने के अंतिम दिन थे। शाम के कोई साढ़े पाँच बज रहे थे। हवेली के बड़े से प्रांगण में गुनगुनी धूप चमक रही थी।

काउंटेस द मास्कारे नीचे आई और तभी उसका पति गाड़ी के दरवाजे पर दिखाई दिया। वह घर लौट रहा था। वह कुछ पल रुककर अपनी पत्नी को देखता रहा। उसका चेहरा कुछ पीला पड़ गया। उसकी पत्नी बहुत खूबसूरत, सौम्य थी और अलग ही दिखाई देती थी। उसका चेहरा लंबा, अंडाकार था, रंगत सुनहरे हाथी दाँत जैसी थी। बड़ी-बड़ी काली आँखें थीं और बाल काले थे। वह अपनी गाड़ी में बैठ गई। उसने अपने पति की ओर देखा भी नहीं। उसकी तरफ गौर भी नहीं किया। उसमें कुलीनता का ऐसा विशेष भाव था कि उसके पति को इतने अरसे से खाए जा रही ईर्ष्या एक बार फिर उसके मन को कचोटने लगी। वह अपनी पत्नी के पास जाकर बोला, ''घूमने जा रही हो?''

उसने हिकारत से बस इतना जवाब दिया, ''वह तो तुम देख ही रहे हो!''

''ब्वा द बूलॉनी में?''

''शायद।''

''मैं भी चल सकता हूँ?''

''गाड़ी तो तुम्हारी ही है।''

उसे अपनी पत्नी के जवाब देने के लहजे पर कोई आश्चर्य नहीं हुआ और वह अंदर जाकर उसकी बगल में बैठ गया। ''ब्वा द बूलॉनी।'' उसने कहा और गाड़ी का दरबान कूदकर कोचवान की बगल में बैठ गया। घोड़े हमेशा की तरह जमीन पर अपने पैर मारकर अपने सिरों को हिलाने लगे, फिर वे सड़क पर आ

गए। पति–पत्नी एक–दूसरे की बगल में चुपचाप बैठे रहे। पति सोच रहा था कि बातचीत कैसे शुरू की जाए, वह हठ में इतनी तनकर बैठी थी कि उसकी बात शुरू करने की हिम्मत नहीं हुई। लेकिन आखिर में पति ने बड़ी चालाकी से काउंटेस के दस्ताने में बंद हाथ को जैसे अनायास ही छू दिया, लेकिन उसने अपने हाथ को एक झटके से अलग कर लिया। उसके अंदाज में इतनी हिकारत थी कि दबंग और बेलगाम स्वभाव का होने के बावजूद वह सोच में डूबा रहा।

''गाब्रीएल!'' आखिर में वह बोला।

''क्या चाहिए?''

''मेरे खयाल में तुम बहुत सुंदर लग रही हो।''

पत्नी ने कोई जवाब नहीं दिया। बस गाड़ी में टिककर लेटी रही। वह किसी चिढ़ी हुई महारानी सी दिख रही थी। इस समय वे शां जैलीर्ज मार्ग में होकर आर्क द गायोंफ की तरफ बढ़ रहे थे। वह विशाल स्मारक, लंबे छायादार मार्ग के अंत में लाल आसमान की पृष्ठभूमि में अपना भारी मेहराब उठाए खड़ा था और सूरज ऐसा लग रहा था जैसे इसमें डूब रहा हो। वह इस पर आकाश से अग्निमयी धूल बिखेर रहा था।

गाड़ियों के चमकदार साज और बत्तियों से धूप परावर्तित हो रही थी, उनकी कतार एक बहती हुई दोहरी धारा की तरह थी, जिनमें से एक तो शहर की ओर बह रही थी और एक जंगल की ओर। इस दृश्य के बीच काउंट द मास्कारे ने अपनी बात जारी रखी, ''मेरी प्यारी गाब्रीएल!''

अब तो काउंटेस के बरदाश्त से बाहर हो गई और उसने खीजकर जवाब दिया, ''उफ! मेहरबानी करके मुझे चैन से रहने दो! अब तो मुझे अपनी गाड़ी को अपने लिए इस्तेमाल करने की भी छूट नहीं रही।'' लेकिन काउंट ने ऐसा जताया जैसे उसने उसकी बात सुनी ही न हो, वह बोलता रहा, ''तुम आज जितनी खूबसूरत कभी नहीं दिखाई दीं।''

काउंटेस का धैर्य निश्चय ही जवाब दे चुका था। उसने क्रोध में जवाब दिया, ''इस पर गौर करके तुम गलती कर रहे हो, क्योंकि मैं कसम से कहती हूँ कि अब मैं तुम्हारे साथ इस तरह का कोई लेन–देन कभी नहीं रखने वाली।'' यह जवाब सुनकर काउंट तो सकते में ही आ गया और उत्तेजित भी हो उठा। उसका हिंसक स्वभाव उस पर हावी हो गया, वह बोला, ''तुम कहना क्या चाहती हो?'' यह बात उसने इस तरह कही कि इससे उसका प्रेमी पुरुष का नहीं बल्कि पाशविक मालिक का चेहरा ही उजागर हुआ, लेकिन काउंटेस ने धीमी आवाज में जवाब दिया, जिससे

पहियों की जोरदार गड़गड़ाहट के बीच नौकर उसकी बात न सुन पाए।

"अच्छा! मैं कहना क्या चाहती हूँ? अब मैं तुम्हें फिर से पहचान रही हूँ! क्या तुम मुझसे सबकुछ जानना चाहते हो?"

"हाँ।"

"वह सबकुछ जो मेरे मन में उस समय से है, जब से मैं तुम्हारी खुदगर्जी की शिकार हो रही हूँ?"

काउंट का चेहरा आश्चर्य और क्रोध से लाल हो गया था। वह दाँत भींचकर गुर्राया, "हाँ, मुझे सबकुछ बताओ।"

काउंट एक लंबा, चौड़े कंधोंवाला आदमी था। उसके एक लंबी लाल दाढ़ी थी। वह खूबसूरत आदमी था, एक शरीफ आदमी, एक दुनियादार आदमी था वह, जो एक मुकम्मिल शौहर और एक जिम्मेदार बाप था। जब से वे घोड़ा गाड़ी में बैठे थे, तब से अब पहली बार काउंटेस उसकी तरफ मुड़ी और उसकी आँखों-में-आँखें डालकर देखा, "आह! तुम्हें यह जान लेना चाहिए कि मैं हर बात के लिए तैयार हूँ, आज मैं किसी बात से नहीं डरती, तुमसे तो बिलकुल भी नहीं।"

काउंट भी उसकी आँखों-में-आँखें डालकर देख रहा था। वह प्रणयावेश में काँपने लगा था, फिर वह धीमे से बोला, "तुम पागल हो!"

"नहीं, लेकिन अब मैं मातृत्व की उस घृणा भरी सजा का शिकार नहीं बनूँगी, जिसे तुमने मुझ पर ग्यारह साल तक थोपा है! मैं इस दुनिया की औरत की तरह जीना चाहती हूँ, जैसा कि मुझे अधिकार है, जैसा कि सभी औरतों को अधिकार है।"

काउंट का चेहरा अचानक फिर पीला पड़ गया। वह अटकता हुआ बोला, "मैं तुम्हारी बात समझा नहीं।"

"ओह! हाँ, तुम मेरी बात अच्छी तरह से समझते हो। मैंने जब पिछले बच्चे को पैदा किया था, तब से तीन महीने बीत चुके हैं और क्योंकि मैं अभी भी बहुत खूबसूरत हूँ और अपनी तमाम कोशिशों के बावजूद तुम मेरे शरीर को बिगाड़ नहीं सके, जैसा कि तुमने अभी-अभी सीढ़ियों पर देखकर समझ लिया, तुम सोच रहे हो कि अब समय आ गया है कि मैं फिर से गर्भवती हो जाऊँ।"

"लेकिन तुम बकवास कर रही हो!"

"नहीं, मैं बकवास नहीं कर रही; मैं तीस की हूँ और मैं सात बच्चे पैदा कर चुकी हूँ। हमारी शादी को ग्यारह साल हुए हैं। तुम सोचते हो कि यह सब अभी दस साल और चलेगा, उसके बाद तुम जलना छोड़ दोगे।"

काउंट ने अपनी बेगम का हाथ पकड़ लिया और उसे भींचते हुए कहा, "मैं तुम्हें ज्यादा देर इस तरह की बातें करने की इजाजत नहीं दूँगा।"

"और मैं तुमसे आखिर तक बात करती रहूँगी, जब तक कि मैं वह सब नहीं कह लेती, जो मुझे कहना है। अगर तुमने मुझे रोकने की कोशिश की तो मैं चिल्लाकर बात करूँगी, ताकि कोचबॉक्स में बैठे दोनों नौकर सुन लें। मैंने तुम्हें इसी मकसद से अपने साथ आने दिया, क्योंकि यहाँ मेरे पास ये जो गवाह हैं, जो तुम्हें इस बात के लिए बाध्य कर देंगे कि तुम मेरी बात सुनो और अपने आपको काबू में रखो। इसलिए अब ध्यान देकर मेरी बात सुनो। मैंने तुमसे हमेशा नफरत की है, मैंने हमेशा ही तुम पर इसे व्यक्त भी किया है, क्योंकि मैंने कभी झूठ नहीं बोला। तुमने मेरे विरोध के बावजूद मुझसे शादी की। मेरे माँ-बाप परेशानी में थे, तुमने उन्हें मजूबर किया कि वे तुम्हारे साथ मेरी शादी कर दें, क्योंकि तुम पैसे वाले थे। उन्होंने मेरे आँसुओं के बावजूद मुझे तुमसे शादी करने को बाध्य किया।

"इस तरह तुमने मुझे खरीद लिया और जैसे ही मैं तुम्हारे कब्जे में आई, जैसे ही मैं तुम्हारी बीवी बन गई कि अपने आपको तुम्हारे साथ जोड़ने को तैयार रहूँ, तुम्हारी दबाने और धमकियों वाली बातों को भूलने को तैयार रहूँ, ताकि मैं बस यह याद रखूँ कि मुझे एक समर्पित पत्नी बनना है। अपनी ओर से जितना ज्यादा-से-ज्यादा हो सके, तुम्हें प्यार करना है; जैसे ही यह सब हुआ कि तुम ईर्ष्या करने लगे; तुम्हारे जैसी ईर्ष्या पहले कभी किसी मर्द ने नहीं की होगी। यह एक जासूस की नीच, हेय ईर्ष्या थी और यह तुम्हारे और मेरे दोनों के लिए ही अपमानजनक थी। हमारी शादी को अभी आठ महीने भी नहीं हुए थे कि तुम मुझ पर हर तरह की बेवफाई का शक करने लगे और तुमने मुझसे कह भी दिया। कितने अपमान की बात थी। तुम मुझे खूबसूरत होने से तो रोक नहीं सकते थे। लोगों को खुश करने से और बैठकों तथा अखबारों में मुझे पेरिस की एक सबसे खूबसूरत औरत कहे जाने से तो रोक नहीं सकते थे, इसलिए मेरे प्रशंसकों को मुझसे दूर रखने के लिए तुम्हारी समझ में जो भी आया, तुमने वह सब किया। तुमने मुझे हमेशा मातृत्व की हालत में रखने की यह घिनौनी तरकीब सोच निकाली। यह तुमने इस हद तक किया कि मैं मर्द जात से ही चिढ़ने लगी। इससे इनकार मत करो! कुछ समय तक तो मैं इसे समझ ही नहीं पाई, लेकिन फिर मुझे इसका अंदाजा हो गया। तुमने इस बारे में अपनी बहन से भी डींग मारी और उसने मुझे यह बात बता दी, क्योंकि वह मुझे पसंद करती है और तुम्हारे इस गँवारू घटियापन से चिढ़ती भी है।

''याद करो हमारे झगड़ों को, टूटे हुए दरवाजों और तालों को! ग्यारह साल तक तुमने मुझे बच्चे पैदा करने वाली एक घोड़ी की हालत में रखा, फिर जैसे ही मैं पेट से हो जाती तो तुम्हें मुझसे अरुचि हो जाती और महीनों तक तुम मुझे दिखाई नहीं पड़ते, मुझे देहात में पारिवारिक हवेली में, खेतों और चरागाहों के बीच अपना बच्चा पैदा करने के लिए भेज दिया जाता। जब मैं दोबारा तरोताजा, खूबसूरत और अटूट होकर लौटती तो तब भी मैं मोहक होती थी और लगातार अपने प्रशंसकों से घिरी होती थी। यह आशा करती थी कि अब आखिर मैं एक जवान रईस औरत की तरह रह पाऊँगी, जिसकी जगह समाज में सम्मानजनक होती है; तब ईर्ष्या तुम्हें फिर घेर लेती और तुम फिर से उस बदनाम और घिनौनी लालसा से मुझे प्रताड़ित करना शुरू कर देते, जिससे तुम यहाँ इस पल मेरी बगल में बैठे हुए परेशान हो रहे हो।

''यह मुझे पाने की लालसा नहीं है, क्योंकि मैं तो अपने आपको तुम्हारे आगे सौंपने से कभी मना नहीं करती, बल्कि यह मुझे बदसूरत बनाने की लालसा है।

''इसके अलावा, वह घिनौनी और रहस्यमयी परिस्थिति बनी, जिसे मैं एक लंबे अरसे से समझ रही थी (लेकिन तुम्हारे विचार और हरकतें देख-रेख मैं उग्र हो गई)। तुम्हारे बच्चों ने मेरी कोख में पलते समय तुम्हें जो सुरक्षा दी थी, उस तमाम अहसास के साथ तुमने अपने आपको उनसे जोड़ लिया। तुमने मेरे प्रति स्नेह महसूस किया और अपने उस घिनौने डर के बावजूद, जो मुझे माँ बनता देखने की खुशी के कारण कुछ समय के लिए खत्म हो जाता था।

''कितनी ही बार तो मैंने इस खुशी को तुममें देखा है! मैंने इसे तुम्हारी आँखों में देखा और अनुमान किया है। तुमने अपने बच्चों को अपनी जीत समझकर उनसे प्यार किया, इसलिए नहीं कि वे तुम्हारा अपना खून थे। वे तो मेरे ऊपर तुम्हारी जीत के प्रतीक थे। वे प्रतीक थे मेरी जवानी, मेरी खूबसूरती, मेरे आकर्षण, मेरी प्रशंसाओं के ऊपर और उन लोगों पर तुम्हारी जीत के जो मेरे आगे खुलकर मेरी प्रशंसा नहीं करते थे, बल्कि धीमे शब्दों में करते रहते थे। तुम उन पर घमंड करते हो, उनकी परेड लगाते हो, तुम उन्हें अपनी गाड़ी में ब्वा द बूलॉनी में घुमाने और मॉमॉराँसी में चड्डी गाँठने ले जाते हो। तुम उन्हें दोपहर का शो दिखाने थिएटर ले जाते हो, ताकि लोग तुम्हें उनके बीच देखें और कहें, 'कितना रहमदिल बाप है!' जिससे इसे दोहराया जा सके।''

काउंट ने बड़े वहशीपन से अपनी पत्नी की कलाई पकड़ ली। उसने इतनी जोर से उसे भींचा कि वह चुपचाप रही, हालाँकि दर्द के मारे उसकी चीख

निकलते-निकलते रह गई, फिर दबी आवाज में उससे बोला, ''मैं अपने बच्चों से प्यार करता हूँ, सुना तुमने? तुमने यह जो अभी-अभी कहा है, यह एक माँ को शोभा नहीं देता, लेकिन तुम मेरी हो; मैं स्वामी हूँ—तुम्हारा स्वामी। मैं तुमसे जो भी चाहूँ और जब भी चाहूँ, ले सकता हूँ और कानून मेरे पक्ष में है।''

वह अपने बड़े से मर्दाना हाथ की मजबूत पकड़ में अपनी पत्नी की उँगलियों को कुचल देने की कोशिश कर रहा था। वह दर्द से नीली पड़ गई थी और अपनी उँगलियाँ उस शिकंजे से छुड़ाने की असफल कोशिश कर रही थी, जो उन्हें कुचले दे रहा था। दर्द के मारे वह हाँफने लगी थी। उसकी आँखों में आँसू आ गए थे।

''तुम देख रही हो न कि मैं स्वामी हूँ और ज्यादा मजबूत भी।'' वह बोला। जब उसने अपनी पकड़ थोड़ी सी ढीली की तो उसकी पत्नी ने उससे पूछा, ''क्या तुम सोचते हो कि मैं एक धार्मिक औरत हूँ?''

उसके इस सवाल पर वह चकित होकर अटकते हुए बोला, ''हाँ।''

''क्या तुम सोचते हो कि मैं क्राइस्ट के शरीर वाली वेदी के आगे, अगर किसी बात के सच होने की कसम खाऊँगी तो वह झूठी होगी?''

''नहीं।''

''तो क्या तुम मेरे साथ किसी चर्च में चलोगे?''

''किसलिए?''

''तुम खुद देख लेना। बोलो, चलोगे?''

''अगर तुम सचमुच यही चाहती हो, तो हाँ।''

उसने अपनी आवाज तेज करते हुए कहा, ''फिलिप!'' और कोचवान ने थोड़ा झुकते हुए जैसे केवल अपने कान को अपनी मालकिन की तरफ किया, उसने घोड़ों पर से अपनी नजरें नहीं हटाईं। काउंटेस ने कहा, ''फिलिप-दू-रूल चलो।'' और बग्घी, जो ब्वा दू बूलॉनी के प्रवेश बिंदु पर पहुँच गई थी, पेरिस लौट पड़ी।

पति-पत्नी में पूरे रास्ते कोई बात नहीं हुई। जब गाड़ी चर्च के आगे रुकी, तो मादाम मास्कारे कूदकर बाहर आई और चर्च में चली गई। काउंट कुछ गज के फासले पर उसके पीछे-पीछे था। काउंटेस बिना रुके गायक-मंडली वाली जाली तक चली गई और एक कुरसी पर घुटनों के बल गिरकर उसने अपने चेहरे को अपने हाथों में छिपा लिया। वह देर तक प्रार्थना करती रही। काउंट को साफ दिखाई दे रहा था कि वह रो रही है। वह चुपचाप रो रही थी, जैसे औरतें उस समय रोती हैं, जब वे किसी गहरे, असहनीय दुःख में होती हैं। उसका शरीर एक

तरह से हिचकोले ले रहा था और उसके बाद एक हलकी सी सिसकी उठती थी, जो उसकी उँगलियों में छिप और घुटकर रह जाती थी।

काउंट मास्कारे के हिसाब से यह स्थिति ज्यादा लंबी खिंच गई थी, इसलिए उसने काउंटेस के कंधे को छुआ। इस स्पर्श से वह वापस अपने में लौट आई, मानो वह जल गई हो। वह उठ गई और उसने सीधे काउंट की आँखों में देखा।

''मैं तुमसे यह कहना चाहती हूँ, तुम मेरे साथ चाहे जो भी कर लेना, मुझे उसका डर नहीं है। तुम चाहो तो मुझे जान से भी मार सकते हो। तुम्हारे बच्चों में से एक तुम्हारा अपना नहीं है; यह बात मैं तुमसे कसम खाकर ईश्वर के सामने कह रही हूँ, जो यहाँ मेरी बात सुन रहा है। तुमने अपने जिन घिनौने मर्दाना अत्याचारों का शिकार मुझे बनाया है और मुझे बच्चे पैदा करने की जो सजा भरी गुलामी दी है, उसके बदले में मेरे लिए यही प्रतिशोध संभव था। मेरा प्रेमी कौन था? यह तुम कभी नहीं जान पाओगे! तुम चाहो तो हर किसी पर शक कर सकते हो, लेकिन तुम्हें कभी पता नहीं चल पाएगा। मैंने उससे प्यार नहीं किया, न कोई आनंद लिया, मैंने तो बस तुमसे विश्वासघात करने की गरज से अपने आपको उसके हवाले कर दिया और उसने मुझे माँ बना दिया। कौन सा बच्चा उसका है? यह भी तुम कभी नहीं जान पाओगे। मेरे सात बच्चे हैं; कोशिश करो और पता लगाओ! मैंने तो सोचा था कि बाद में तुम्हें यह सब बताऊँगी, क्योंकि किसी आदमी को धोखा देकर ही उससे पूरी तरह से बदला नहीं लिया जा सकता। उसे इस धोखे के बारे में मालूम भी होना चाहिए। तुमने मुझे आज यह इकबाल करने के लिए बाध्य कर दिया है; अब मैं अपनी बात कह चुकी हूँ।''

यह कहकर वह जल्दी-जल्दी चर्च के खुले दरवाजे की तरफ बढ़ गई। उसे उम्मीद थी कि उसे अपने पीछे अपने पति के तेज कदमों की आहट सुनने को मिलेगी, जिसके साथ उसने गुस्ताखी की थी और वह घूँसा मारकर उसे जमीन पर गिरा देगा, लेकिन उसे कुछ सुनाई नहीं दिया। वह अपनी गाड़ी पर पहुँच गई। वह कूदकर उसमें बैठ गई। वह पीड़ा से अभिभूत थी और डर से हाँफ रही थी। उसने कोचवान से कहा, ''घर चलो!'' और घोड़े तेजी से दौड़ पड़े।

□

काउंटेस मास्कारे आपने कमरे में रात के खाने का वक्त होने का इंतजार कर रही थी, जैसे मौत की सजा पाया कोई मुजरिम अपनी फाँसी की घड़ी का इंतजार करता है। वह क्या करेगा? क्या वह घर आ गया है? निरंकुश, लालसा भरा और किसी भी हिंसा के लिए तैयार, वह किस उधेड़बुन में था, उसने क्या करने का मन

बनाया था? घर में कोई आवाज नहीं थी और हर पल वह घड़ी की तरफ देख रही थी। उसकी नौकरानी आकर उसे खाने के लिए तैयार करके वापस जा चुकी थी, तभी आठ का घंटा बजा! लगभग तभी दरवाजे पर दो बार दस्तक हुई और खानसामा ने अंदर आकर बताया कि खाना तैयार हो गया है।

''काउंट आ गए?'' उसने पूछा।

''जी, मादाम काउंटेस; वह खाने के कमरे में हैं।''

एक पल को तो उसका मन हुआ कि एक छोटा सा रिवॉल्वर ले ले, जिसे उसने अपने मन में पूर्वाभास की जा रही दुखद घटना का पूर्वानुमान करते हुए कुछ हफ्ते पहले ही खरीदा था, लेकिन उसे याद आया कि सभी बच्चे वहाँ होंगे और उसने एक सुँघनी के अलावा और कुछ भी नहीं लिया। काउंट अपनी कुरसी से कुछ-कुछ अभिवादन की मुद्रा में उठा। उन्होंने हल्के से झुककर एक-दूसरे का अभिवादन किया और बैठ गए। तीनों लड़के, अपने शिक्षक आबे मार्तें के साथ काउंटेस के दाईं ओर को थे, जबकि तीनों लड़कियाँ अपनी अंग्रेज गवर्नेस मिस स्मिथ के साथ उसके बाईं तरफ थीं। सबसे छोटा बच्चा, जो अभी केवल तीन महीने का था। अपनी धाय के साथ ऊपर कमरे में ही था।

आबे ने खाने की प्रार्थना की। जब कोई साथ नहीं होता था, तो ऐसा ही होता था, क्योंकि जब मेहमान मौजूद होते थे तो बच्चे नीचे नहीं आते थे, फिर खाना शुरू हुआ। काउंटेस उस भावना से पीड़ित थी, जिसका उसने बिलकुल हिसाब नहीं लगाया था। वह अपनी आँखें नीची किए हुए बैठी रही। उधर काउंट कभी तीनों लड़कों और कभी तीनों लड़कियों को बारी-बारी से अनिश्चय तथा दुख भरी दृष्टि से देख रहा था। अचानक उसने अपने शराब के गिलास को अपने से दूर हटाया। यह टूट गया और शराब मेजपोश पर छलक गई। इस हादसे से होने वाले हलके से शोर से अपनी कुरसी में बैठी काउंटेस चौंक पड़ी, तब पहली बार दोनों ने एक-दूसरे को देखा। फिर तो लगभग हर पल ही, न चाहते हुए भी और हर नजर से होने वाली झुँझलाहट के बावजूद, पिस्तौल से निकली गोलियों की तेजी के साथ एक-दूसरे को देखने का उनका सिलसिला थमा नहीं।

आबे को लगा कि यहाँ उलझन का कोई सबब मौजूद है, जिसे वह पकड़ नहीं पा रहा है, इसलिए उसने बातचीत शुरू करने की कोशिश की और कई टॉपिक छेड़े भी, लेकिन उसके व्यर्थ प्रयासों से कोई बात बन ही नहीं पाई, किसी ने एक शब्द भी नहीं बोला। काउंटेस ने अपनी औरतों वाली होशियारी से काम लेते हुए और दुनियादार औरत की वृत्ति का अनुसरण करते हुए दो-तीन बार

उसका जवाब देने की कोशिश की भी, लेकिन वह कामयाब नहीं हुई। अपनी दिमागी परेशानी में उसे कोई शब्द ही नहीं सूझा। उसकी अपनी ही आवाज ने उस बड़े से कमरे की खामोशी में उसे डरा सा दिया। जहाँ प्लेटों और छुरी-काँटों की हलकी सी आवाज के अलावा और कुछ भी सुनाई नहीं दे रहा था।

अचानक उसके पति ने आगे झुकते हुए उससे कहा, "सुनो, अपने बच्चों के बीच, क्या तुम कसम खाकर मुझसे कह सकती हो कि तुमने मुझसे जो कहा था, वह सच है?"

काउंटेस की नसों में जो नफरत खदक रही थी, उसने अचानक उसे भड़का दिया। उसने उस सवाल का जवाब भी उसी दृढ़ता से दिया, जिस दृढ़ता से उसने उसकी नजरों का जवाब दिया था। उसने अपने दोनों हाथ उठाए—दाहिना लड़कों की तरफ और बायाँ लड़कियों की तरफ—और बिना हिचकिचाए एक दृढ़ संकल्प भरे स्वर में कहा, "अपने बच्चों के सिर की कसम खाकर मैं कहती हूँ कि मैंने तुमसे सच कहा है।"

काउंट खड़ा हो गया और खीज में अपने रुमाल को मेज पर फेंककर घूमा। उसने अपनी कुरसी को दीवार पर दे मारा, फिर वह बिना और कुछ कहे वहाँ से निकल गया। काउंटेस ने एक गहरी आह भरी, मानो उसकी पहली जीत हुई हो। शांत स्वर में उसने कहना जारी रखा, "तुम्हारे बाप ने अभी जो कहा है, उस पर कोई ध्यान मत देना। मेरे बच्चो। थोड़ी देर पहले वह बहुत परेशान थे, लेकिन कुछ दिनों में वह बिलकुल ठीक हो जाएँगे।"

फिर उसने आबे और मिस स्मिथ से बात की, अपने सभी बच्चों से मीठी-मीठी, प्यार भरी बातें कीं। ये प्यारी बिगाड़ने वाली माँ के टोटके थे; जिनसे नन्हे-मुन्नों के दिलों के ताले खुल जाते हैं।

जब खाना हो गया तो वह बैठक में चली गई। उसके बच्चे उसके पीछे-पीछे वहाँ पहुँच गए। उसने बड़े बच्चों को गपशप करवाई और जब उनका सोने का समय हुआ तो वह बहुत देर तक उन्हें चूमती रही, फिर अकेली ही अपने कमरे में चली गई।

वहाँ वह इंतजार करने लगी, क्योंकि उसे यकीन था, काउंट अवश्य आएगा। उसके बच्चे तो उसके पास थे नहीं, इसलिए उसने ठान लिया कि वह अपने इनसानी जिस्म का बचाव करेगी, जैसे उसने एक दुनियादार औरत के रूप में अपनी जिंदगी का बचाव किया था। अपनी पोशाक की जेब में उसने वह छोटा सा गोलियों भरा रिवॉल्वर रख लिया। इस तरह घंटे बीतते रहे, घंटे बजते रहे और घर

में हरेक आवाज खामोश थी। केवल सड़कों पर गाड़ियों की घरघराहट जारी थी, लेकिन उनका शोर भी शटर गिरी और परदेदार खिड़कियों से होकर बहुत अस्पष्ट ही सुनाई दे रहा था।

वह जोश और परेशानी में इंतजार करती रही। उसमें अब काउंट का बिलकुल भी डर नहीं था। वह किसी भी बात के लिए तैयार थी और लगभग विजयी भाव में थी, क्योंकि उसे काउंट को लगातार, उसकी जिंदगी के हरेक पल में सताने का साधन मिल गया था।

भोर का पहला प्रकाश उसके परदों के नीचे लगी झालरों से होकर अंदर आने लगा, लेकिन काउंट उसके कमरे में नहीं आया। वह साश्चर्य इस तथ्य के प्रति जागरूक हुई कि वह नहीं आया। अधिक सुरक्षा के लिए उसने अपने दरवाजे को बंद करके उस पर ताला लगाया और अंत में अपने पलंग पर चली गई और आँखें खोले वहीं पड़ी रही। वह सोचती रही। उसकी यह सब समझ में ही नहीं आ रहा था। वह अनुमान ही नहीं लगा पा रही थी कि वह आगे क्या करनेवाला था।

जब उसकी नौकरानी उसके लिए चाय लेकर आई, तो उसने काउंटेस को उसके पति की एक चिट्ठी भी दी। चिट्ठी में उसने लिखा था कि वह एक लंबे सफर पर जा रहा है। पुनश्च में उसने लिखा था कि उसे अपने खर्च के लिए जितने भी पैसों की जरूरत होगी, उसके (काउंट के) वकील से मिल जाएँगे।

यह ऑपेरा की बात है। 'रॉबर्ट दि डेविल' नाटक के दो अंकों के बीच का अंतराल था यह। हॉल में लोग अपने हैट पहने खड़े थे। उनके वेस्टकोट बहुत नीची काट के थे और उनकी सफेद कमीजों के सामने का एक बड़ा हिस्सा दिखाई दे रहा था, जिसमें उनके गले के दोहरे बटनों के सुनहरे और कीमती नगीने चमक रहे थे। वे लोग बक्स की तरफ देख रहे थे, जिनमें नीची पोशाकें पहने महिलाओं की भीड़ थी। पोशाकों पर हीरे-मोती लगे थे। ये औरतें प्रकाश में जगमगाते उस गरम भवन में फूलों की तरह फैलती नजर आ रही थीं, जहाँ उनके चेहरों की सुंदरता और उनके कंधों का गोरापन मुआयने के लिए संगीत और इनसानी स्वरों के बीच खिलता नजर आ रहा था।

ऑर्केस्ट्रा की तरफ पीठ किए दो दोस्त भव्यता की उन फुलवारियों, असली या नकली नगीनों की, ऐशो-इशरत की और ग्रां थिएटर में चारों तरफ दिखाई देती दिखावट की उस नुमाइश को बारीकी से देख रहे थे। उनमें से एक रॉजे द सालनी ने अपने साथी बेरनार ग्रांदैं से कहा, "जरा देखो तो, काउंटेस मास्कारे अभी भी कितनी खूबसूरत है!"

फिर उनमें से बड़े ने अपनी बारी में अपनी ऑपेरा वाली दूरबीन से अपने सामने वाले बक्स में बैठी एक लंबी महिला को देखा, जो अभी भी बहुत कमसिन दिखाई दे रही थी, जिसकी असाधारण खूबसूरती थिएटर के कोने-कोने में मौजूद मरदों की आँखों को प्रभावित करती लग रही थी। हाथी दाँत के रंग वाली उसकी पीली सी रंगत उसे एक बुत का रूप दे रही थी। एक छोटा सा हीरों का मुकुट सितारों के झुंड की तरह उसके काले बालों पर चमक रहा था।

जब बेरनार ग्रांदै कुछ देर उसको देख चुका तो उसने मजाकिया लहजे में जवाब दिया—"हाँ, तुम उसे बिलकुल खूबसूरत कह सकते हो!"

"तुम क्या सोचते हो, वह कितने साल की होगी?"

"एक पल रुको, मैं तुम्हें ठीक-ठीक बता सकता हूँ, क्योंकि मैं उसे बचपन से जानता हूँ। मैंने उसे समाज-सभाओं में पहली बार आने पर देखा था, तब वह लड़की ही थी। वह···वह छत्तीस की है।"

"असंभव!"

"मैं विश्वास के साथ कह सकता हूँ।"

"वह तो पच्चीस की दिखती है।"

"उसके सात बच्चे हो चुके हैं।"

"विश्वास नहीं होता।"

"और यही नहीं, उसके सातों के सातों बच्चे जिंदा हैं, क्योंकि वह बहुत अच्छी माँ है। मैं कभी-कभार उसके घर जाता हूँ, जो बहुत शांत और सुखद है। वह दुनिया के बीच आदर्श परिवार का साक्षात् दृश्य प्रस्तुत करती है।"

"कितनी अजीब बात है! उसके बारे में कभी कोई ऐसी-वैसी बात सुनने को नहीं मिली?"

"कभी नहीं।"

"लेकिन उसका पति कैसा है? वह अजीब है, है न?"

"है भी और नहीं भी। इस बात की बहुत संभावना है कि उनके बीच कोई छोटा-मोटा पारिवारिक नाटक जिसकी भनक तो लगती है, लेकिन जिसके बारे में ठीक-ठाक कभी पता नहीं चल पाता और उसके बारे में आप सही अंदाजा लगा लेते हैं।"

"क्या नाटक है वह?"

"मुझे इसके बारे में कुछ नहीं मालूम। मास्कारे एक आदर्श पति रह चुकने के बाद अब बहुत तेज जिंदगी बिताता है। जब तक वह अच्छा पति रहा, उसका

मिजाज बहुत गरम और रूखा था। किसी बात का जल्दी बुरा मान जाता था, लेकिन जबसे उसने अपनी मौजूदा लफंगों वाली जिंदगी शुरू की है, वह बिलकुल उदासीन हो गया है; लेकिन आप अंदाजा लगा सकते हैं कि उसे कोई-न-कोई परेशानी तो है, कहीं कोई कीड़ा उसे खा रहा है, क्योंकि वह बहुत बूढ़ा हो गया है।''

इस पर दोनों दोस्त कुछ मिनट तक दार्शनिक अंदाज में उन गुप्त, अनजानी परेशानियों के बारे में बात करते रहे, जो परिवार में चरित्र की भिन्नताओं या शायद उन शारीरिक अरुचियों के कारण पैदा हो जाती हैं, जिन्हें पहले नहीं देखा गया होता, फिर मादाम मास्कारे को अपनी ऑपेरा वाली दूरबीन से देख रहा रॉजे द सालनी बोला—''यह तो बिलकुल अविश्वसनीय सा लगता है कि वहाँ बैठी उस औरत के सात बच्चे हो चुके हैं!''

''हाँ, ग्यारह साल में; जिसके बाद तीस की हो जाने पर उसने संतानोत्पत्ति पर विराम लगा दिया, ताकि मन-बहलाव के सुखद दौर में प्रवेश कर सके। यह दौर अब खत्म होने के आसपास नहीं दिखाई देता।''

''बेचारी औरतें!''

''तुम्हें उन पर तरस क्यों आता है?''

''क्यों? अरे! मेरे प्यारे दोस्त, जरा सोचो तो! मातृत्व के ग्यारह साल, ऐसी औरत के लिए! क्या जुल्म है! उसकी सारी जवानी, उसकी सारी खूबसूरती, सफलता की सारी आशा एक उज्ज्वल जीवन का सारा कवितामय विचार, सबकुछ प्रजनन के उस घृणित नियम की भेंट चढ़ गया, जो सामान्य स्त्री को बच्चे पैदा करने वाली मशीन भर बनाकर रख देता है।''

''तुम क्या कर सकते हो? यह तो प्रकृति का नियम है!''

''हाँ, लेकिन मैं कहता हूँ कि प्रकृति हमारी दुश्मन है कि हमें हमेशा प्रकृति के खिलाफ लड़ना चाहिए, क्योंकि वह लगातार हमें जानवरों वाली स्थिति में वापस लाने का काम कर रही है। यह विश्वास मानो कि ईश्वर ने इस धरती पर ऐसी कोई चीज नहीं रखी, जो साफ, खूबसूरत, शानदार या हमारे आदर्श के लिए सहायक हो; लेकिन मानव मस्तिष्क ने ऐसा करके दिखाया है। हमीं ने सृष्टि में थोड़ी सौम्यता, खूबसूरती, अज्ञात आकर्षण और रहस्य का तत्त्व डाला है। इस काम को अंजाम देने के लिए हमने इसका गुणगान किया है, इसकी विवेचना की है, कवियों के रूप में इसकी प्रशंसा की है, कलाकारों के रूप में इसे आदर्श बनाया है और उन विद्वानों के रूप में इसकी व्याख्या की है, जो गलतियाँ करते हैं, जो

प्रकृति के विभिन्न व्यापारों में बुद्धितापूर्ण तर्क, सौम्यता और सुंदरता, थोड़ा अज्ञात आकर्षण और रहस्य ढूँढ़ लेते हैं।

''ईश्वर ने तो केवल साधारण घटिया जीव ही बनाए, जो कीटाणुओं और रोग से भरे हैं, जो कुछ साल पाशविक आनंद लेने के बाद बूढ़े और कमजोर हो जाते हैं। उनमें इनसानी बुढ़ापे से जुड़ी अशक्तता की बदसूरती और शक्ति का अभाव होता है। लगता है, ईश्वर ने उन्हें केवल इसलिए बनाया है कि वे एक अरुचिकर ढंग से अपनी नस्ल को पैदा कर सकें और फिर क्षणभंगुर कीड़ों की तरह मर जाएँ। मैंने कहा, अरुचिकर ढंग से अपनी नस्ल को पैदा कर सकें और मैं अपने इस कथन पर दृढ़ हूँ। वस्तुत: प्राणियों की प्रजनन की उस हास्यास्पद क्रिया से अधिक घृणित और अधिक अरुचिकर और क्या हो सकता है, जिसके खिलाफ तमाम कोमल मनों ने हमेशा बगावत की है और हमेशा करेंगे? इस द्वेषपूर्ण विधाता ने जिन भी अंगों का आविष्कार किया है, वे सभी क्योंकि दो काम करते हैं, तो उसने उन अंगों को क्यों नहीं चुना जो बेदाग थे, ताकि उन्हें वह पवित्र कार्य सौंपा जा सकता, जो सभी इनसानी कामों में सबसे अधिक नेक और सबसे अधिक गौरवपूर्ण हैं? जो मुँह खाद्यपदार्थ के जरिए हमारे शरीर को पोषण देता है, वह बालों और विचारों को बाहर निकालता भी है। हमारा मांस अपने ही जरिए अपने आपको पुनर्जीवित करता है और साथ-ही-साथ विचारों को भी व्यक्त करता है। सूँघने वाली इंद्रिय, जो फेफड़ों को प्राणदायी वायु देती है, वह मस्तिष्क तक संसार की तमाम खुशबुओं को भी पहुँचाती है—फूलों की, वनों की, वृक्षों की, सागर की खुशबुओं को। जो कान हमें अपने साथियों के साथ संवाद करने के काबिल बनाता है, उसने हमें ध्वनि के माध्यम से संगीत की खोज करने, सपने, सुख, अनंत और यहाँ तक कि शारीरिक आनंद की सृष्टि करने की अनुमति भी दी है!

''लेकिन यह भी कहा जा सकता है कि ईश्वर की यह इच्छा थी कि पुरुष स्त्रियों के साथ अपने व्यापार को कभी उदात्त या आदर्श रूप न दे पाए, फिर भी पुरुष ने प्यार को खोज लिया है, जो उस कपटी देवत्व के लिए कोई बुरा जवाब नहीं है। उसने कविता से इसे इतना अलंकृत कर दिया है कि औरत अकसर उस संपर्क को भूल जाती है, जिसके आगे समर्पित होने को वह बाध्य है। हममें से जिन लोगों के पास स्वयं को धोखा देने की ताकत नहीं है, उन्होंने दुष्टता और सुसंस्कृत व्यभिचार का आविष्कार कर लिया है, जो ईश्वर पर हँसने का और सौंदर्य को श्रद्धांजलि देने का, उच्छृंखल श्रद्धांजलि देने का एक और तरीका है।

''लेकिन सामान्य पुरुष बच्चे पैदा करता है; वह बस एक जानवर होता है,

जो कानून के जरिए एक और जानवर से बँधा होता है।

"उस औरत को देखो! क्या यह सोचकर घृणा नहीं होती कि ऐसा रत्न, ऐसा मोती, जिसका जन्म खूबसूरत होने, प्रशंसा किए जाने, प्रसन्न किए जाने और सराहे जाने के लिए हुआ था, उसने अपनी जिंदगी के ग्यारह साल काउंट मास्कारे के लिए वारिस पैदा करने में बिता दिए हैं?"

बेरनार ग्रांदें ने हँसकर जवाब दिया, "इस सब में काफी सच्चाई है, लेकिन तुम्हारी बातें बहुत कम लोगों की समझ में आएँगी।"

सालनी और भी जोश में आता गया—"जानते हो, मैं ईश्वर की क्या कल्पना करता हूँ?" वह बोला, "मैं उसे अज्ञात एक ऐसे विराट्, सृजनात्मक अंग के रूप में देखता हूँ, जो अंतरिक्ष में दसियों लाख संसार बिखेरता है। ठीक वैसे ही जैसे एक अकेली मछली समुद्र में अपने अंडे छोड़ देती है। वह इसलिए सृजन करता है, क्योंकि ईश्वर होने के नाते ऐसा करना उसका कार्य है, लेकिन वह यह नहीं जानता कि वह कर क्या रहा है और वह मूर्खता की हद तक अपने कार्य में उर्वर है तथा उन तमाम किस्मों के मिश्रणों से अनजान रहता है, जो उसके बिखेरे हुए कीटाणुओं से पैदा होते हैं। इनसानी सोच, एक भाग्यशाली छोटा सा क्षणिक हादसा है, जो पूरे तौर पर अप्रत्याशित है। जो इस पृथ्वी के साथ शायद यहाँ या और कहीं, वही सब या उससे अलग को फिर शुरू करने को अभिशप्त है। हम ईश्वर की बुद्धि के साथ हुए इस छोटे से हादसे के प्रति ऋणी हैं कि हम इस संसार में अत्यंत कष्टमय हैं। इस संसार में, जो हमें ग्रहण करने को, हमें आवास और भोजन देने को या चिंतनकारी जीवों को संतुष्ट करने को तैयार नहीं किया गया था। हम इस बात के लिए भी उस (ईश्वर) के ऋणी हैं कि हमें उनसे अनवरत संघर्ष करना पड़ता है, जिन्हें आज भी विधाता की मंशा कहा जाता है, जब हम सचमुच सुँसंस्कृत और सभ्य जीव हैं।"

ग्रांदें बड़े ध्यान से उसकी बातें सुन रहा था, क्योंकि उसे उसकी कल्पना के आश्चर्यजनक विस्फोटों के बारे में बहुत पहले से पता था। उसने सालनी से पूछा, "तो तुम विश्वास करते हो कि इनसानी सोच अंधे दैवीय प्रसव की सहज पैदावार है?"

"स्वाभाविक है। यह हमारे मस्तिष्क के तंत्रिका केंद्र का एक आकस्मिक (दैवाधीन) कार्य है। यह किसी अप्रत्याशित रासायनिक क्रिया की तरह है, जो नए मिश्रणों के कारण होती है और जो उस विद्युत के उत्पाद की तरह भी है, जो किसी पदार्थ की अप्रत्याशित निकटता या घर्षण से पैदा होती है और जो अंत में उस

परिघटना के समान भी है, जिसका निर्माण जीवित पदार्थ के अनंत और फलदायक उफान के कारण होता है।

''लेकिन मेरे प्यारे दोस्त! इसकी सच्चाई उस व्यक्ति के आगे तो अवश्य ही स्पष्ट होगी, जो अपने आसपास यह सब देखता है। अगर सर्वज्ञ विधाता की ओर से निर्दिष्ट को वही होने के लिए बनाया गया था, जो आज वह हो गया है यानी मशीनी विचारों और भाग्यवादिता से बिलकुल भिन्न और इतना आग्रही, इतना खोजी, उत्तेजित, संतप्त, तो क्या वह दुनिया जिसे हमारे वर्तमान स्वरूप को ग्रहण करने के लिए बनाया गया था, तो यह दुनिया अभागे मूर्खों के लिए असुखद छोटी आवास स्थली होती, यह सलाद का खेत, यह चट्टानी, जंगली और गोलाकार किचन गार्डन जहाँ तुम्हारे अदूरदर्शी विधाता ने हमें नियत किया है कि हम वहाँ नंगे रहें, गुफाओं में या पेड़ों के नीचे, वध किए गए जानवरों के, अपने भाई-बंधुओं के मांस का पोषण लेकर या कच्ची सब्जियों पर धूप और बारिश से पोषण पाकर?

''लेकिन एक क्षण के लिए चिंतन करना पर्याप्त है, ताकि हम यह समझ सकें कि यह दुनिया ऐसे जीवन के लिए नहीं बनाई गई थी, जैसे कि हम हैं। सोच हमारे मस्तिष्क और कोशिकाओं की तंत्रिकाओं में एक चमत्कार से विकसित होती है, क्योंकि यह चमत्कार अशक्त, अज्ञानी और भ्रमित होता है और हमेशा रहेगा भी। यह हम उन तमाम लोगों को, जो बुद्धिजीवी प्राणी हैं, पृथ्वी पर शाश्वत और अभागे निर्वासित बनाता है।

''इस पृथ्वी को देखो, जैसा कि ईश्वर ने इसे उन्हें दिया है, जो इस पर रहते हैं। क्या देखने में पूरे तौर पर इसे जानवरों की खातिर नहीं बनाया गया— यह जिस पर पेड़-पौधे हैं और जो जंगलों से ढकी है? हमारे लिए यहाँ क्या है? कुछ नहीं। उनके लिए? सब कुछ। उन्हें खाने, शिकार करने और अपनी वृत्तियों के अनुसार एक-दूसरे को खाने के अलावा और कुछ नहीं करना पड़ता, क्योंकि ईश्वर ने साधुता और शांतिपूर्ण आचरण का कभी पूर्वानुमान नहीं किया; उसने तो केवल उन प्राणियों की मौत का पूर्वानुमान किया, जो एक-दूसरे को नष्ट करने और खाने पर तुले थे। क्या तीतर, कबूतर और बटेर उस बाज का नैसर्गिक शिकार नहीं हैं, बजाय उस मांस के, जिसे खुंभियों के साथ हमें परोसने के लिए मोटा किया गया है और जिन्हें सुअरों ने खोदा है, हमारे विशेष लाभ के लिए?

''जहाँ तक खुद हमारा सवाल है, हम जितने अधिक सभ्य, बुद्धिजीवी और सुसंस्कृत हों, उतने ही अधिक हमें उस पाशविक वृत्ति पर विजय पाने की आवश्यकता

होनी चाहिए, जो हमारे अंदर ईश्वर की इच्छा का प्रतीक है। इसलिए जानवरों के रूप में अपनी नियति को कम करने की खातिर हमने मकानों से लेकर अत्युत्तम भोजन, चटनियों, मिठाइयों, पेस्ट्री, मदिरा, वस्तु, कपड़ों, गहनों, बिस्तरों, गद्दों, गाड़ियों, रेलमार्गों और अनगिनत मशीनों और इनके अलावा कलाओं-विज्ञानों, लेखन और कविता को खोजा और बनाया है। प्रत्येक आदर्श हमारे ही अंदर से और जिंदगी की जरूरी सुख-सुविधाओं से आता है कि सरल प्रजननकर्ताओं के रूप में हमारा वजूद कम नीरस और आसान बन सके, जिसके लिए दैवीय विधान ने हमें पूर्णत: अभिप्रेरित किया है।

"इस थिएटर को देखो। क्या यहाँ हमारी रची हुई एक इनसानी दुनिया नहीं है, जो शाश्वत नियतियों के लिए अप्रत्याशित और अज्ञात है। केवल हमारे मस्तिष्क ही इसे समझ सकते हैं। यह एक ऐंद्रिक और बौद्धिक विचलन है, जिसकी खोज पूरे तौर पर एक असंतुष्ट तथा अशांत नन्हे जानवर के हाथों और उसी के लिए हुई है—और वे जानवर हम हैं।

"उस औरत, मादाम मास्कारे को देखो। ईश्वर की ओर से तो यह अभिप्रेत था कि वह किसी गुफा में नंगी या जंगली जानवरों की खालों में अपने आपको लपेटकर रहे, लेकिन क्या इस रूप में वह अधिक अच्छी नहीं है? लेकिन उसके बारे में जब बात हो रही है, तो क्या किसी को यह मालूम है कि उसके वहशी पति ने अपने पास ऐसा साथी होते हुए और खासकर अपना उजड्डपन दिखाते हुए उसे सात बार माँ बना देने के बाद, क्यों और कैसे अचानक छोड़ दिया और अब गलत औरतों के पीछे भागता फिर रहा है?"

ग्रांदै ने जवाब दिया, "ओह! मेरे प्यारे दोस्त, शायद यह अकेला कारण है। उसके पति को लगा कि हमेशा उसके साथ रहना अंत में बहुत महँगा पड़ रहा है और घरेलू अर्थव्यवस्था के कारणों से वह उन्हीं सिद्धांतों पर आ पहुँचा है, जिन्हें एक दार्शनिक के तौर पर तुम बनाते हो।"

तभी तीसरे अंक के लिए परदा उठा और वे मुड़ गए, उन्होंने अपने हैट उतारे और बैठ गए।

काउंट और काउंटेस मास्कारे उस गाड़ी में अगल-बगल बैठे थे, जो उन्हें ऑपेरा से उनके घर ले जा रही थी। वे आपस में बोल नहीं रहे थे, लेकिन अचानक पति ने अपनी पत्नी से कहा, "गाब्रिएल!"

"क्या चाहिए?"

"क्या तुम नहीं सोचतीं कि यह बहुत दिन चल गई?"

"क्या?"

"यह भयंकर सजा, जो तुम मुझे पिछले छह साल से दिए जा रही हो।"

"तुम क्या चाहते हो? मैं इसमें कुछ नहीं कर सकती।"

"तो फिर मुझे बता दो, वह कौन सा बच्चा है?"

"कभी नहीं।"

"यह तो सोचो कि अब मैं अपने बच्चों को जब भी देखता हूँ तो मेरे दिल पर इसी शक का बोझ रहता है। मुझे बता दो कि वह कौन सा बच्चा है। मैं कसम खाकर कहता हूँ कि मैं तुम्हें माफ कर दूँगा और उसके साथ और बच्चों जैसा ही बरताव करूँगा।"

"मुझे यह अधिकार नहीं है।"

"तुम समझ नहीं रही हो कि मैं इस जिंदगी को अब और बरदाश्त नहीं कर सकता। यह सोच मुझे गलाए दे रही है। यह सवाल मैं हमेशा अपने आपसे पूछता रहता हूँ, जब-जब भी मैं उन्हें देखता हूँ, यह सवाल मुझे परेशान करता है। यह मुझे पागल किए दे रहा है।"

"तो तुमने बहुत कष्ट उठाया है?" वह बोली।

"भयंकर तौर पर। क्या बिना उसके मैं तुम्हारी और भी भयावहता को स्वीकार करता कि मैं महसूस करता हूँ और जानता भी हूँ कि उनमें से एक है, जिसे मैं पहचान नहीं सकता और जो मुझे दूसरे बच्चों को प्यार करने से रोकता है?"

काउंटेस ने फिर कहा, "तो तुमने सचमुच बहुत कष्ट उठाया है?"

इस पर काउंट ने संयत और दुखी स्वर में जवाब दिया—"हाँ, क्योंकि मैं तुम्हें रोज यह नहीं बताता कि यह मेरे लिए असहनीय यातना है? अगर मैं उन्हें प्यार न करता होता तो क्या मैं उस घर में तुम्हारे और उनके नजदीक रहता? ओह! तुमने मेरे साथ बड़ा घिनौना बरताव किया है। मैंने अपने दिल का सारा स्नेह अपने बच्चों पर उँड़ेला है। तुम इस बात को जानती हो। उनके लिए मैं पुराने जमाने का बाप हूँ। जैसे मैं तुम्हारे लिए पुराने जमाने के एक परिवार का शौहर था। अपनी वृत्ति से मैं एक नैसर्गिक आदमी, पुराने दिनों का आदमी बना रहा हूँ। हाँ, यह मैं कबूल करता हूँ कि तुमने मुझे बेहद ईर्ष्यालु बना दिया है, क्योंकि तुम किसी और ही नस्ल की, किसी और ही आत्मा की औरत हो। तुम्हारी दूसरी जरूरतें हैं। ओह! तुमने जो-जो मुझसे कहा है, उसे मैं कभी नहीं भूल पाऊँगा, लेकिन उस दिन के बाद से मैं तुम्हारे बारे में कभी परेशान नहीं रहा। मैंने तुम्हें जान से इसलिए नहीं

मारा, क्योंकि तब मेरे पास इस दुनिया में यह जानने का कोई साधन नहीं रहता कि हमारे-तुम्हारे बच्चों में से कौन सा मेरा नहीं है। मैंने इंतजार किया है, लेकिन मैंने इतना ज्यादा कष्ट उठाया है कि तुम्हें यकीन नहीं होगा, क्योंकि अब मैं उन्हें प्यार करने की हिम्मत नहीं कर पाता। शायद सबसे बड़े दो बच्चों को छोड़कर मैं अब उनकी तरफ देखने की, उन्हें अपने पास बुलाने की, उन्हें चूमने की हिम्मत नहीं कर पाता। ऐसा नहीं हो पाता कि मैं उन्हें अपनी गोद में बिठाऊँ और मेरे मन में यह सवाल न उठे, 'क्या यह वाला होगा?' छह साल में मैंने तुम्हारे साथ अपने व्यवहार को सही रखा, बल्कि रहमदिल और शालीन भी। मुझे बता दो कि सच्चाई क्या है और मैं कसम खाता हूँ कि मैं कोई भी बेरहमी वाला काम नहीं करूँगा।''

घोड़ागाड़ी में अँधेरा होने के बावजूद उसे लगा कि वह यह देख सकता है कि उसकी बातों का उसकी पत्नी पर असर हुआ है। उसे जब यह विश्वास हो गया कि आखिर वह बोलने जा रही है, तो उसने कहा, ''मैं तुमसे प्रार्थना करता हूँ। मैं तुमसे याचना करता हूँ कि वह बात मुझे बता दो।''

''तुम शायद जितना सोचते हो, मैं उससे कहीं ज्यादा कसूरवार हूँ।'' उसने जवाब दिया, ''लेकिन लगातार गर्भवती रहने वाली वह जिंदगी मुझसे सहन नहीं हो पा रही थी, तुम्हें अपने बिस्तर से दूर रखने का मेरे पास बस एक ही साधन था। मैंने ईश्वर के आगे झूठ बोला और मैंने अपने बच्चों के सिर पर हाथ रखकर भी झूठ बोला, क्योंकि मैंने तुम्हारे साथ कभी धोखा नहीं किया है।''

काउंट ने अँधेरे में उसका हाथ पकड़ लिया और ब्वा द बूलॉनी में सैर वाले उस भयंकर दिन की तरह उसे भींचते हुए बोला, ''क्या यह सच है?''

''यह बिलकुल सच है।''

लेकिन वह भयंकर दुःख में कराहते हुए बोला, ''अब मेरे अंदर नए सिरे से शक पैदा हो जाएँगे, जिनका कभी खात्मा नहीं होगा। तुमने झूठ कब बोला, पिछली बार या अब? इस समय मैं तुम पर कैसे विश्वास कर लूँ? उसके बाद कोई किसी औरत पर कैसे विश्वास कर सकता है? मैं अब फिर कभी नहीं जान पाऊँगा कि मुझे क्या सोचना चाहिए। मैं तो चाह रहा था कि तुम मुझसे कहो, 'वह बच्चा जाक है' या 'वह बच्ची जां है।''

घोड़ागाड़ी उन्हें लेकर उनकी हवेली के प्रांगण में आ गई और जब यह सीढ़ियों के आगे आकर रुकी तो हमेशा की तरह पहले काउंट गाड़ी से उतरा और अपनी पत्नी को ऊपर जाने में मदद करने के लिए उसका हाथ पकड़ लिया, फिर जैसे ही वे पहली मंजिल पर पहुँच गए तो वह बोला, ''क्या मैं तुमसे कुछ पल

और बात कर सकता हूँ?''

उसने जवाब दिया, ''मेरी भी इच्छा है।''

वे एक छोटी सी बैठक में चले गए और एक दरबान ने कुछ चकित होते हुए मोमबत्तियाँ जला दीं। जैसे ही दरबान कमरे से बाहर गया अब वे अकेले रह गए, तो उसने अपनी बात आगे बढ़ाई, ''मुझे सच्चाई का पता कैसे चलेगा? मैंने तुमसे हजार बार प्रार्थना की कि बोलो, लेकिन तुम गूँगी बनी रहीं; अभेद्य, अनम्य, कठोर बनी रहीं। आज तुम मुझसे कह रही हो कि तुम झूठ बोल रही थीं। छह साल तक तुमने मुझे सचमुच इस तरह की बात पर विश्वास करने दिया! नहीं, तुम अब झूठ बोल रही हो, मुझे पता नहीं क्यों, लेकिन शायद मुझ पर तरस खाकर?''

उसने ईमानदारी भरे और आश्वस्त अंदाज में कहा, ''अगर मैंने ऐसा न किया होता, तो पिछले छह साल में मैं चार और बच्चों की माँ बन गई होती!''

वह चकित होकर बोला, ''क्या कोई माँ इस तरह की बात कर सकती है?''

''ओह!'' काउंटेस ने जवाब दिया, ''मैं यह तो बिलकुल नहीं महसूस करती कि मैं उन बच्चों की माँ हूँ, जो कभी पैदा ही नहीं हुए। मेरे लिए तो यही काफी है कि मैं उन्हीं बच्चों की माँ बनी रहूँ, जिन्हें मैंने पैदा किया है और उन्हें पूरे मन से प्यार करूँ। मैं वह औरत हूँ—हम वे औरत हैं जो सभ्य समाज की हैं। हुजूर! और हम सब केवल ऐसी औरतें नहीं रह गई हैं और होने से इनकार भी करती हैं, जो बस धरती की आबादी बढ़ाने का काम करती हैं।''

यह कहकर वह उठ गई, लेकिन काउंट ने उसके हाथ पकड़ लिये और बोला, ''बस एक बात, गाब्रीएल। मुझे सच्चाई बता दो!''

''मैंने अभी-अभी तुम्हें बताई तो। मैंने कभी तुम्हारी इज्जत को बट्टा नहीं लगाया है।''

काउंट ने उसके मुँह की तरफ भरपूर नजरों से देखा। कितनी खूबसूरत थी वह! ठंडे आसमान जैसी काली आँखें। उसके सिर के काले वस्त्र में, काले बालों की उस अपारदर्शी रात में सितारों के झुंड की तरह चमक रहा था हीरों का मुकुट, फिर अचानक उसे महसूस हुआ, एक तरह की अंत:प्रेरणा ने उसे महसूस कराया कि यह शानदार स्त्री मात्र ऐसी जीव नहीं थी, जिसकी नियति उसकी नस्ल को आगे बढ़ाने की हो, बल्कि वह तो विचित्र और रहस्यमयी देन थी, उन तमाम जटिल इच्छाओं की, जो हमारे अंदर शताब्दियों से जमा होती आ रही हैं, लेकिन जिन्हें उनके आदिम और दैवीय उद्देश्य से दूर हटा दिया गया है और जो एक रहस्यमयी, अपूर्ण रूप में देखी गईं और अनुभवातीत सुंदरता के पीछे भटकती रही

हैं। कुछ औरतें ऐसी होती हैं, जो केवल हमारे सपनों के लिए खिलती हैं। जो सभ्यता के प्रत्येक काव्यात्मक गुण से सजी होती हैं। वे आदर्श, ऐश्वर्य, चंचलता और सौंदर्यवादी आकर्षण से सजी होती हैं, जिन्हें उस जीवित बुत को घेरे होना चाहिए, जो हमारी जिंदगी को उज्ज्वल बनाता है।

उसका पति उसके सामने खड़ा रहा। वह इस विलंबित और अस्पष्ट खोज से हतप्रभ था, जो उसकी पूर्व ईर्ष्या के कारण पर भ्रमित होकर चोट कर रही थी। वह इस सबको बड़ी अपूर्णता से समझ रहा था। अंत में वह बोला, ''मुझे विश्वास है कि तुम ठीक कह रही हो, क्योंकि मुझे लग रहा है कि तुम झूठ नहीं बोल रही हो। पहले मैं सचमुच यही सोच रहा था कि तुम झूठ ही बोल रही हो।''

काउंटेस ने अपने पति की ओर अपना हाथ बढ़ाया और बोली, ''तो फिर हम दोस्त हैं?''

काउंट ने उसका हाथ अपने हाथ में लेते हुए उसे चूम लिया और जवाब दिया, ''हम दोस्त हैं। शुक्रिया, गाब्रीएल।''

फिर वह वहाँ से निकल गया। वह अभी भी अपनी पत्नी को देखे जा रहा था और इस बात पर चकित था कि वह अभी भी इतनी खूबसूरत है। उसे अपने अंदर एक विचित्र भावना उठती महसूस हुई, जो शायद प्राचीन और साधारण प्रेम से कहीं अधिक अदम्य थी।

□

युक्ति

आग के पास बैठे अनुभवी डॉक्टर और उसकी युवा मरीज बातें कर रहे थे। वास्तव में उसे कोई बीमारी नहीं थी, सिवाय उन अल्प स्त्री रोगों में एक, जिनसे सुंदर स्त्रियाँ प्राय: पीड़ित रहती हैं—थोड़ी रक्त की कमी, तंत्रिका आक्रमण और थकावट का संदेह; वह थकावट जो नव-विवाहित व्यक्ति को अपने दांपत्य जीवन के पहले महीने के अंत में, प्रेम के चातुरी खेल के बाद प्राय: पीड़ित करती है!

वह काऊच पर लेटी बातें कर रही थी। ''नहीं डॉक्टर,'' उसने कहा, ''औरत द्वारा अपने पति को धोखा देने की बात मैं कभी नहीं मान सकती। यदि मान भी लिया जाए कि वह उसे प्रेम नहीं करती, अपनी कसमों और वायदों की परवाह नहीं करती, फिर भी यह कैसे हो सकता है कि वह अपने आपको किसी दूसरे पुरुष के हवाले कर दे? वह दूसरों की आँखों से इस कटु-षड्यंत्र को कैसे छिपा सकती है? झूठ और विद्रोह की स्थिति में प्रेम करना कैसे संभव हो सकता है?''

डॉक्टर हँसा और बोला, ''यह बिलकुल आसान है, मैं तुम्हें विश्वास दिला सकता हूँ कि जब औरत सीधे रास्ते से भटकने का निश्चय कर लेती है तो वह ऐसी सूक्ष्म बातों का खयाल नहीं करती। मेरा तो निश्चय है कि कोई भी औरत सच्चे प्रेम के लिए तब तक परिपक्व नहीं होती, जब तक वह विवाहित जीवन की समस्त बेचैनियों और दु:खों से गुजर नहीं जाती; जो एक प्रसिद्ध व्यक्ति के मतानुसार—दिन में दुर्भावनापूर्ण शब्दों के आदान-प्रदान और रात्रि में असावधानी से किए गए दुलार के अतिरिक्त कुछ नहीं है। इसमें अधिक सत्य नहीं है कि कोई भी औरत विवाह से पूर्व तीक्ष्णता से प्रेम कर सकती है।

''जहाँ तक बहानों का प्रश्न है, तो वे ऐसे अवसरों पर बड़ी मात्रा में औरतों की अंगुलियों पर रहते हैं, उनमें से अधिकतम सीधी-सादी विलक्षण रूप से युक्तिवान

होती हैं और बड़े-से-बड़े भ्रमजालों से अपने आपको अद्‌भुत ढंग से बचा लेती हैं।''

फिर भी युवा मरीज आश्वस्त नजर नहीं आईं। ''नहीं डॉक्टर,'' उसने कहा, ''घटना घट जाने के बाद कोई नहीं सोचता कि एक खतरनाक मामले में उसे क्या करना चाहिए था। ऐसे अवसरों पर, औरतों के विचारहीन होने का दायित्व आदमियों की अपेक्षा औरतों पर अधिक है।''

डॉक्टर ने अपने हाथ उठाए—''तुम कहती हो घटना घट जाने के बाद! अपनी एक मरीज, जिसको मैं निर्दोष स्त्री समझता था, के साथ क्या बीती, मैं तुम्हें सुनाता हूँ। यह घटना एक प्रदेशीय नगर में घटी। एक रात जब मैं गहरी नींद में सो रहा था, जिस पहली और गहरी नींद में उठना कठिन होता है, मुझे स्वप्न में आभास हुआ कि नगर में अग्निसूचक घंटियाँ बज रही हैं और मैं चौंककर उठ गया। वह मेरे घर की ही घंटी तीव्रता से बज रही थी और मेरी नौकरानी दरवाजे पर उत्तर देती दिखाई नहीं दे रही थी। फिर मैंने अपनी चारपाई के सिरहाने से घंटी बंद कर दी। शीघ्र ही मैंने खामोश घर में धड़ाके और कदमों की आवाज सुनी। फिर जीन ऊपर आई तथा मुझे एक पत्र दिया जिसमें लिखा था—'मैडम लेलीवरे डॉ. साईमन से प्रार्थना करती है कि वह तत्काल उसके पास पहुँचे।'

''मैंने कुछ क्षणों के लिए सोचा और अपने आपसे कहा, 'एक तांत्रिक आक्रमण, भाप, अनर्थक।' मैं बहुत थका हुआ था; मैंने उत्तर दिया, 'मैं, डॉ. साईमन, चूँकि ठीक नहीं हूँ, इसलिए मैडम लेलीवरे से प्रार्थना करता हूँ कि कृपया मेरे साथी एम. बोनेट को बुला लिया जाए।'

''मैंने पत्र को लिफाफे में डाला और फिर सो गया। आधा घंटे बाद ही गली में लगी मेरे मकान की घंटी फिर बजी। जीन मेरे पास आई और कहने लगी—'नीचे एक व्यक्ति है जिसने अपने आपको इस तरह लपेटा हुआ है कि मैं बता नहीं सकती कि वह पुरुष है या स्त्री। वह आपसे तत्काल बात करना चाहता है। वह कहता है कि दो आदमियों के जीवन-मृत्यु का प्रश्न है। मैं उठकर बैठ गया और कहा कि उस व्यक्ति को अंदर आने दो।'

''एक प्रकार की काली छाया सामने नजर आई और ज्यों ही जीन कमरे से बाहर गई, उसने चेहरे से परदा हटाया। वह मैडम लेलीवरे थी, जो पूरी तरह से जवान थी और तीन साल से नगर के बड़े दुकानदार की विवाहिता थी तथा अड़ोस-पड़ोस में सबसे सुंदर युवती मानी जाती थी।

''वह अत्यंत पीली पड़ गई थी और उसका चेहरा सिकुड़ा हुआ था, जैसे

कभी-कभी पागल व्यक्तियों का हो जाता है। उसके हाथ तीव्रता से काँप रहे थे। उसने बिना आवाज निकाले दो बार बोलने की कोशिश की, परंतु अंत में वह हकलाई, 'चलो, जल्दी चलो, डॉक्टर! चलो···मेरा···प्रेमी···अभी-अभी मेरे शयनकक्ष में मर गया है।' वह रुक गई; वेदना से उसका गला अवरुद्ध हो गया। फिर कहना शुरू किया—'मेरा पति ज़ल्दी ही क्लब से घर आ जाएगा।'

"बिना सोचे कि मैं रात की पोशाक पहने हुए हूँ, मैं चारपाई से कूदा और कुछ ही क्षणों में कपड़े पहन लिये। फिर मैंने पूछा, 'क्या कुछ समय पहले तुम ही यहाँ आ़ई थीं?'

"नहीं', उसने भय से पत्थर के बुत की तरह खड़े-खड़े कहा, 'वह मेरी नौकरानी थी, वह जानती है।' फिर थोड़ी चुप्पी के बाद कहने लगी—'मैं वहीं उसके पास ही थी।' और उसने भय भरी चीख मारी और गला घुटने के आवेग से हाँफने के बाद, ऐंठनवाली सिसकियों को एक-दो मिनट तक रोकते हुए बुरी तरह से रोई। फिर अचानक उसके आँसू थम गए, जैसे आंतरिक ज्वाला से सूख गए हों और शोकजनक निश्चलता से कहने लगी—'आओ, जल्दी आओ।' मैं तैयार था परंतु चिल्लाया—'मैं अपनी गाड़ी का प्रबंध करना बिलकुल भूल गया हूँ।'

" 'गाड़ी मेरे पास है', उसने कहा, 'यह उसी की है जो उसका इंतजार कर रही थी।' उसने अपने चेहरे को पूरी तरह से ढक लिया और हम चल पड़े।

"जब वह गाड़ी के अंदर अँधेरे में मेरे साथ बैठी हुई थी, उसने अचानक मेरा हाथ थामा और अपनी कोमल अंगुलियों से पीसते हुए, अपने दिल से निकलती हुई काँपती आवाज में कहा, 'ओह, शायद तुम जानते हो, अगर तुम जानते कि मैं दुःखी क्यों हूँ! मैं उसे प्रेम करती थी, पिछले छह महीनों से मैंने उसे पागल औरत की तरह व्याकुलता से प्रेम किया है।'

" 'क्या तुम्हारे घर में और भी कोई है?' मैंने पूछा।

" 'नहीं, रोज के सिवाय, जो सबकुछ जानती है।'

"हम दरवाजे पर रुके। स्पष्ट रूप से हर कोई सो रहा था, हम सिटकिनी की सहायता से अंदर गए और दबे पाँव ऊपर चले गए। भयभीत नौकरानी जलती हुई मोमबत्ती अपने बराबर रखे ऊपरी सीढ़ी पर बैठी थी, क्योंकि मृतक के पास बैठने से वह डरती थी। मैं कमरे में गया। वह अस्त-व्यस्त पड़ा था जैसे उसमें कोई झगड़ा हुआ हो। चारपाई गिरी हुई थी और ऐसी लगती थी, जैसे किसी की प्रतीक्षा कर रही हो; चादर जमीन पर पड़ी थी और गीले रूमाल, जिनसे युवा आदमी की कनपटियों को धोया गया था, वाश-बेसिन और शीशे के निकट पड़े थे जबकि

सिरके की तेज गंध कमरे में फैल रही थी।

''मृतक का शव कमरे के बीचोबीच अपनी पूरी लंबाई में पड़ा था। मैं उसके पास गया, उसको देखा और छुआ। मैंने उसकी आँखें खोलीं, हाथों को छुआ और औरतों की तरफ मुड़ा जो इस प्रकार काँप रही थीं जैसे सरदी में जम रही हों। मैंने उनसे कहा, 'इसे उठाकर चारपाई पर लिटाने में मेरी सहायता करो।' जब हमने धीरे से उसे चारपाई पर लिटा दिया तो मैंने उसके दिल की धड़कन को सुना, शीशे से उसके होंठ देखे और कहा, 'सब समाप्त हो गया है, अब जल्दी से इसे कपड़े पहनाने चाहिए।' अत्यंत भयानक दृश्य था!

''मैंने एक-एक करके उसके अवयवों को पकड़ा, जैसे वे किसी बड़ी गुड़िया के हों और उनको कपड़ों में डाला जो औरतें लाई थीं। उन्होंने उसे जुराब, जाँघिया, पतलून और वास्केट पहनाए और अंत में कोट। उसके बाजुओं को कोट के बाजुओं में डालना अत्यंत कठिन था।

''जब जूतों के तसमे कसने की बारी आई तो औरतें झुकीं और मैंने बत्ती थामी। चूँकि उसके पैर सूजे हुए थे, इसलिए यह कठिन काम था। वे बटन-हुक नहीं देख पा रही थीं, इसलिए उसने अपने बालों की सूइयों से काम लिया। ज्यों ही वह भयानक परिधान पहनाया गया, मैंने सारे काम को देखा और कहा, 'तुम्हें इसके बालों को सँवारना होगा।' नौकरानी जाकर अपनी मालकिन का बड़े दाँतोंवाला कंघा और ब्रुश ले आई लेकिन बालों की लंबी लटें निकालते हुए वह काँप भी रही थी। मैडम लेलीवरे ने उसके हाथ से कंघा ले लिया और बालों को इस प्रकार सँवारा जैसे वह उनसे दुलार कर रही हो। उसने माँग निकाली, दाढ़ी को ब्रुश किया, मूँछों को अपनी अंगुलियों की नरमी से गोल किया जैसा उनके षड्यंत्र में करने की उसकी आदत थी।

''इसपर उसने अचानक उसके बालों को छोड़ दिया और अपने प्रेमी के गतिहीन सिर को अपने हाथों में थाम लिया तथा निराशा से उसकी ओर काफी देर तक देखती रही जो अब उसके साथ हँस नहीं सकता था। फिर उससे लिपटकर और अपनी बाँहों में लेकर उत्सुकता से उसे चूमने लगी। इसके बाद मुँह और माथे पर, आँखों पर और कनपटियों पर उसके चुंबन झोंकों की तरह गिरने लगे और फिर उसके कानों के पास अपने होंठ रखते हुए, जैसेकि वह अभी सुन सकता हो, अपने आलिंगनों को और उत्सुकतापूर्ण बनाने के लिए, जैसे कान में कुछ कहना चाहती हो, उसने हृदय-विदारक आवाज में कई बार कहा, 'अलविदा, मेरे प्यारे, अलविदा!'

''उस समय घड़ी ने बारह बजाए और मैं चौंका, 'बारह बज गए।' मैं

चिल्लाया—'इसी समय क्लब बंद होता है, आओ, मैडम! हमें एक क्षण भी खोना नहीं चाहिए।'

"वह चौंकी और मैंने कहा, 'हमें इसे ड्राइंग रूम में ले जाना होगा।' जब हम यह कर चुके, मैंने उसे सोफे पर बैठा दिया और फानूस जला दिए। ठीक उसी समय सामने का दरवाजा खुला और जोर से बंद हो गया। उसका पति लौट चुका था और मैंने कहा, 'रोज, तौलिया और चिलमची ले आओ, कमरे को साफ-सुथरा बना दो। परमात्मा के लिए जल्दी करो, एम. लेलीवरे अंदर आ रहा है।'

"मैंने सीढ़ियों पर उसके कदमों की आहट सुनी और दीवारों को छूते हुए उसके हाथ देखे। 'आओ मेरे दोस्त,' मैंने कहा, 'यहाँ एक हादसा हो गया है।'

"मुँह में सिगार लगाए, हैरान पति दरवाजे पर नजर आया और कहने लगा—'क्या मामला है? क्या मतलब है इसका?'

" 'मेरे प्यारे मित्र,' उसके पास जाकर मैंने कहा, 'तुम हमें हड़बड़ाहट में देख रहे हो। मैं देर तक तुम्हारी पत्नी से बातें करता रहा और यह मेरा दोस्त जो अपनी गाड़ी में मुझे लाया था, अचानक बेहोश हो गया और तमाम यत्न करने के बाद भी दो घंटे से बेहोश है। मैं अजनबियों को बुलाना नहीं चाहता था और यदि इसे नीचे ले जाने में मेरी सहायता करो तो इसके अपने घर में मैं इसकी अच्छी देखभाल कर सकूँगा।'

"पति, जो हैरान था, परंतु शंकित नहीं, ने अपना हैट उतारा। फिर अपने रकीब को, जो भविष्य में उसके लिए दुःखदायी नहीं होगा, अपनी बाँहों में उठा लिया। धुरों के बीच घोड़े की तरह, मैंने उसे दोनों टाँगों के बीच से उठाया और हम सीढ़ियों से नीचे ले आए जबकि उसकी पत्नी ने हमें रोशनी दिखाई। जब हम बाहर आए तो कोचवान को धोखा देने के लिए मैंने उसके शरीर को ऊपर उठाया और कहा, 'आओ प्यारे मित्र, यह कुछ नहीं; मेरे विचार से तुम पहले से अच्छे हो, हिम्मत करो और कोशिश करो, सब ठीक हो जाएगा।' लेकिन ज्यों ही मैंने महसूस किया कि वह मेरे हाथों से खिसक रहा है, मैंने उसके कंधे पर एक तमाचा मारा जिससे वह आगे हुआ तो उसे गाड़ी में गिरा दिया, तत्पश्चात् मैं गाड़ी में घुसा।

"एम. लेलीवरे, जो कुछ चौकन्ना हो गया था, मुझसे कहने लगा, "तुम क्या सोचते हो, कोई गंभीर बात है क्या?' इसपर मैंने मुसकराते हुए उत्तर दिया, "नहीं।" जब मैंने उसकी पत्नी की ओर देखा तो वह अपना हाथ अपने पति के हाथ में डाले हुए थी और गाड़ी के भीतर देखने का प्रयत्न कर रही थी।

"मैंने हाथ मिलाए और अपने कोचवान को गाड़ी चलाने के लिए कहा। सारे

रास्ते मृतक मेरे ऊपर गिरता रहा। जब हम घर पहुँचे तो मैंने कहा कि वह घर आते-आते रास्ते में बेहोश हो गया है और ऊपर लाने में मैंने सहायता की थी जहाँ आकर मैंने प्रमाणित कर दिया कि वह मर गया है। और इस प्रकार उसके विचलित परिवार के लिए एक और हर्ष-प्रधान नाटक किया। अंत में, मैं प्रेमियों के बारे में कुछ दृढ़ता से बिना कहे, अपने बिस्तर पर आ गया।''

डॉक्टर ने कहना बंद किया, भले ही वह अब भी मुसकरा रहा था और जवान औरत, जो बहुत ही बेचैन थी, कहने लगी, ''तुमने इतनी भयानक कहानी मुझे किसलिए सुनाई है?''

उसने वीरता से उसके सामने सिर झुकाया और उत्तर दिया, ''ताकि जरूरत पड़ने पर मैं आपको अपनी सेवाएँ प्रदान कर सकूँ।''

□

पितृहत्या

वकील ने उसे पागल ठहराया था; नहीं तो इतने अजीब अपराध का कारण और क्या हो सकता था?

एक प्रात: चेटोन के निकट नरकंटो में एक-दूसरे की बाँहों में लिपटे दो मृत शरीर पाए गए—एक पुरुष और दूसरी उसकी पत्नी। वह जोज समाज में अच्छा जाना-माना, धनी, प्रौढ़, गत वर्ष से विवाहित था; औरत तीन वर्ष पूर्व पहले पति को खो चुकी थी।

उनका कोई शत्रु नहीं था और उनको लूटा भी नहीं गया था। वह स्पष्टतया लोहे की छड़ों से, एक के बाद दूसरे को पीटने के बाद किनारे पर नदी में फेंका गया था।

जूरी की छानबीन से किसी बात का पता नहीं चला। नाविकों से पूछताछ की गई; वे कुछ भी नहीं जानते थे। मामले को बंद किया ही जा रहा था कि पड़ोसी गाँव का बढ़ई जॉर्ज लुई, जो जेंटलमैन के नाम से जाना जाता था, ने अपने आपको पेश किया।

उसने सारे प्रश्नों का उत्तर देने से इनकार कर दिया, सिवाय इसके—

"मैं उस आदमी को दो वर्षों से और उस औरत को छह महीनों से जानता था। वे प्राय: मेरे पास पुराने फर्नीचर की मरम्मत के लिए आया करते थे क्योंकि मैं अच्छा काम करता था।"

जब उससे पूछा गया कि 'फिर तुमने उन्हें जान से क्यों मार दिया?' तो उसने हठपूर्वक उत्तर दिया, "मैंने उन्हें मार डाला, क्योंकि मैं उन्हें मार डालना चाहता था।"

इससे अधिक उससे पता नहीं चल सका।

वह आदमी निस्संदेह जॉर्ज था जिसे पहले जनपद की नर्स को सौंपा गया था और बाद में छोड़ दिया गया था। उसका कोई नाम नहीं था सिवाय जॉर्ज लुई के, परंतु ज्यों ही वह बड़ा हुआ, उसने अपनी रुचियों और स्वाभाविक कोमलता से, जिनसे उसके साथी असंबद्ध थे, अपने आपको असाधारण बुद्धिमान सिद्ध किया, इसीलिए उसका उपनाम 'जेंटलमैन' पड़ गया था तथा इस नाम के अतिरिक्त किसी और नाम से पुकारा नहीं जाता था। व्यवसाय के कारण उसे एक स्मरणीय कुशल बढ़ई माना जाता था। वह लकड़ी में थोड़ी-बहुत नक्काशी करने का काम भी कर लेता था। यह भी कहा जाता था कि अपनी स्थिति की बाबत उसके अपने विचार थे; वह साम्यवादी सिद्धांतों का अनुसरण करता था, यहाँ तक कि नाशवाद का भी। वह साहसी और हिंसा-प्रधान कल्पित उपन्यासों को पढ़ने का बड़ा शौकीन था; एक प्रभावशाली चुननेवाला और श्रमिकों अथवा किसानों के वाद-विवाद समितियों में बोलनेवाला चतुर वक्ता था।

वकील ने उसे पागल ठहराया था।

सच देखा जाए तो यह कैसे माना जा सकता है कि उसने अपने सबसे अच्छे ग्राहकों को मार डाला जो धनी और उदार थे (जैसाकि उसने माना), वे—जिन्होंने दो वर्षों में इतना काम दिया था जिससे वह तीन हजार फ्रेंक कमा सका था (उसकी किताबें साक्षी थीं)। इसकी एक ही व्याख्या थी—पागलपन; उस व्यक्ति की प्रेतवादिता जो अपनी श्रेणी से फिसलकर और अपने आपको सर्वोपरि मानकर दो भले व्यक्तियों की हत्या करके समाज से बदला लेता है और वकील उसके उपनाम 'जेंटलमैन' का साफ संकेत करता है जो इस बहिष्कृत को तमाम पड़ोसियों ने दिया था।

"स्थिति की विडंबना पर ध्यान दीजिए!" वह चिल्लाया, "क्या यह दुःखी युवक जिसका न बाप है न माँ, इससे अधिक प्रबल उत्तेजना के योग्य नहीं था क्या? यह एक उत्कट प्रजातंत्रवादी है, नहीं, यह उस राजनैतिक पार्टी से संबद्ध है जिसके सदस्यों को कभी सरकार गोली मार देना चाहती थी, देश निकाला देना चाहती थी लेकिन आज खुले हाथों उनका स्वागत करती है, वह पार्टी जिसका पहला उसूल आगजनी है और हत्या पूरी तरह से सादी योग्यता।

"इन शोचनीय सिद्धांतों ने, जिनका वाद-विवाद समितियों में स्वागत किया जाता है, इस युवक को बरबाद कर दिया। एम. केम्बेटा और एम. ग्रेवी के खून की माँग करनेवाले प्रजातंत्र पार्टी के पुरुषों और औरतों को भी इसने सुना है और इसका रोगग्रस्त मस्तिष्क वशीभूत हो गया है; यह खून का प्यासा है, कुलीन लोगों

के खून का प्यासा!

"यह आदमी नहीं बल्कि कम्यून है, श्रीमान, जिसे दंडित करना चाहिए!"

अनुमोदन की फुसफुसाहट इधर-उधर दौड़ने लगी। यह प्राय: महसूस किया जा रहा था कि वकील बहस जीत गया था; सरकारी अभियोजक ने कोई उत्तर नहीं दिया।

फिर न्यायाधीश ने अभियुक्त से पारंपरिक प्रश्न किया, "अभियुक्त, क्या तुम अपनी सफाई में कुछ और कहना चाहोगे?"

आदमी खड़ा हो गया। वह कद-काठी में नाटा था, सन के-से बाल, स्थिर, चमकीली भूरी आँखें। इस दुर्बल युवक के गले से एक प्रबल, उदार और सुरीली आवाज निकली और अपने पहले ही शब्दों से लोगों का विचार बदल दिया जो उन्होंने इसके प्रति बनाया था।

वह ऊँचे आलंकारिक ढंग से बोला लेकिन इतना स्पष्ट कि उसका धीमे-से-धीमा शब्द भी बड़े न्यायालय के दूसरे छोर तक सुनाई देता था।

"न्यायाधीश महोदय, चूँकि मैं पागलखाने जाना नहीं चाहता और यहाँ तक कि फाँसी को प्राथमिकता देता हूँ, इसलिए मैं आपको सबकुछ बता दूँगा।

"मैंने उस पुरुष और औरत की इसलिए हत्या की क्योंकि वह मेरे माता-पिता थे।

"अब आप मेरी बात सुनिए और न्याय कीजिए। एक औरत ने बेटे को जन्म देकर उसे नर्स के पास भेज दिया। यह अच्छा रहता कि उसे पता होता कि उसके अपराध में साथ देनेवाली, नन्हें बच्चे को—उस निरपराध को कौन से जनपद में ले गई थी—निरपराध परंतु लंबे दु:ख के लिए, जारजिक प्रसूति के लिए, इससे भी बड़ी मृत्यु के लिए अपराधी बनाया गया था क्योंकि उसे विलाप के लिए, भूखा मरने के लिए, अपेक्षाकृत सड़ने के लिए त्याग दिया था या नर्स को मासिक खर्च नहीं दिया गया था।

"जिसने मुझे दूध पिलाया था वह औरत निष्कपट थी—अधिक सच्ची, अधिक स्त्रीत्वयुक्त, महान् आत्मा, मेरी अपनी माँ से अच्छी माँ। उसने मुझे पाला। वह अपना दायित्व निभाने में असमर्थ थी। अभागे व्यक्तियों को मृत्यु के लिए छोड़ देना ही बेहतर है जिन्हें ग्रामों में इस तरह फेंक दिया जाता है जैसे सड़कों के किनारे कूड़ा-करकट!

"मैं इस संदिग्ध विचार के साथ बड़ा हुआ कि मैं किसी अपमान को लिये हुए हूँ। एक दिन दूसरे बच्चों ने मुझे दोगली संतान कहा! उनको इस शब्द का अर्थ

नहीं आता था। उनमें से एक ने अपने घर पर सुना था। न ही मुझे इसका अर्थ पाता था परंतु मैंने भाँप लिया।

''मैं निष्कपटता से कह सकता हूँ कि स्कूल में अत्यंत बुद्धिमान बच्चों में से मैं भी एक था। मुझे एक सच्चा व्यक्ति होना चाहिए था, श्रीमान, शायद एक स्मरणीय व्यक्ति यदि मेरे माता-पिता ने मुझे छोड़ने का अपराध न किया होता!

''और यह अपराध मेरे ही विरुद्ध किया गया। मैं पीड़ित व्यक्ति था और वे पापी। मैं रक्षाविहीन और वे दयाहीन। उन्हें मुझे प्यार करना चाहिए था, परंतु बहिष्कृत कर दिया।

''मेरा जीवन उनका ऋणी था, परंतु जीवन क्या उपहार है? कुछ भी हो, मेरा जीवन दुर्भाग्यपूर्ण था। मेरे लज्जापूर्ण परित्याग के बाद मुझे उन्हें प्रतिकार के अतिरिक्त कुछ भी नहीं देना था। उन्होंने मेरे विरुद्ध अत्यंत अमानवीय, अत्यंत लज्जाकर, अत्यंत राक्षसी अपराध किया था जो किसी मनुष्य के साथ किया जा सकता है। एक अपमानित व्यक्ति चोट करता है, लूटा जानेवाला व्यक्ति अपनी शक्ति से लूटा गया माल वापस ले लेता है, एक धोखा खाया हुआ व्यक्ति, एक ठगा हुआ व्यक्ति, एक संतप्त व्यक्ति हत्या करता है; मुँह पर तमाचा खाया हुआ व्यक्ति हत्या करता है, एक अपमानित व्यक्ति हत्या करता है। मुझे क्रूरतापूर्वक लूटा गया, धोखा दिया गया, संतप्त किया गया, मुँह पर तमाचा मारा गया, उन आदमियों से अधिक अपमानित किया गया जिनके गुस्से को आप क्षमा कर देते हैं।

''मैंने स्वयं बदला लिया है, मैंने हत्या की है। यह मेरा नैसर्गिक अधिकार था। मैंने उस भयानक जीवन, जो उन्होंने मुझपर थोपा था, के बदले में उनका सुखी जीवन ले लिया।

''आप इसे पितृहत्या कहेंगे! मेरे माता-पिता कहाँ हैं, वे व्यक्ति जिनपर घृणित बोझ था; एक भय, एक कलंक का धब्बा; जिनके लिए मेरा जन्म संकट था और मेरा जीवन लज्जा के लिए धमकी! उन्होंने स्वार्थपूर्ण खुशी ढूँढ़ी, बच्चा पैदा किया जिसकी इच्छा नहीं थी। उन्होंने इस बच्चे का शमन कर दिया। उनको उसी प्रकार प्रतिफल देने की मेरी बारी थी।

''और फिर भी अंत में मैं उनसे प्यार करने को तैयार था।

''अब दो वर्ष हो गए, जैसा मैं आपको पहले ही बता चुका हूँ, जब मेरा पिता पहली बार मेरे घर आया था, मुझे किसी प्रकार की शंका नहीं थी। उसने फर्नीचर की दो वस्तुओं का ऑर्डर दिया; मुझे बाद में पता चला कि गाँव के पादरी से खुफिया वायदे के अंतर्गत उसने जानकारी प्राप्त की थी।

''वह प्राय: आता, मुझे काम देता और कुछ पैसे भी देता। कभी-कभी विभिन्न विषयों पर मुझसे बातचीत भी करता। मैंने उसके लिए थोड़ा-बहुत प्यार महसूस किया।

''इस वर्ष के आरंभ में वह अपनी पत्नी—मेरी माँ—को लाया। जब वह अंदर आई तो जोर से काँप रही थी—मैंने सोचा कि वह नाड़ी-मंडल की व्याधि से ग्रस्त है। उसने कुरसी और एक गिलास पानी माँगा। उसने कुछ नहीं कहा और पागलों की तरह मेरे माल को घूरती रही और मेरे द्वारा पूछे गए प्रश्नों का कोई उत्तर उसने नहीं दिया—केवल असंगत हाँ और न के सिवाय। जब वह चली गई तो मैंने सोचा कि उसका दिमाग कुछ ठीक नहीं था।

''वह अगले महीने फिर आई। वह शांत थी, अपने आपकी स्वामिनी। उस दिन काफी लंबे समय तक वे बातें करते रहे और मुझे एक बड़ा ऑर्डर दिया। बिना शंकित हुए, मैंने उसे तीन बार देखा, परंतु एक दिन, वह मेरे जीवन के बारे में, मेरे बचपन के बारे में, मेरे माता-पिता के बारे में बातें करने लगी। मैंने उत्तर दिया—'मैडम, मेरे माता-पिता दुरात्मा थे जिन्होंने मुझे त्याग दिया।' इसपर उसने अपना हाथ दिल पर रखा और बेहोश होकर गिर गई। मैंने तुरंत विचार किया—'यही मेरी माँ है!' परंतु अपना शक जाहिर न करने के लिए मैं सावधान था। मैं चाहता था कि वह आती-जाती रहे।

''इस तरह अपनी बारी में मैंने पूछताछ की। मुझे पता चला कि उनका विवाह अभी गत जुलाई में हुआ था, मेरी माँ केवल तीन वर्षों तक विधवा रही थी। काफी अफवाहें थीं कि पहले पति के जीवनकाल में ये दोनों प्रेमी थे, परंतु कोई सबूत सामने नहीं आ रहा था। मैं ही सबूत था जिसको पहले छिपाए रखा और अंत में नष्ट करने की आशा किए बैठे रहे।

''मैंने प्रतीक्षा की। वह सायंकाल आई, हमेशा की तरह मेरे पिता के साथ। उस दिन वह अत्यंत उत्तेजित प्रतीत हो रही थी, मैं नहीं जानता क्यों? फिर जब वह जा रही थी, उसने मुझसे कहा, 'तुम्हें मेरी शुभकामनाएँ, क्योंकि मेरा विश्वास है कि तुम निष्कपट लड़के हो और अच्छे कारीगर। इसमें शक नहीं कि तुम एक दिन विवाह के लिए सोचोगे—मैं तुम्हारे लिए यह संभव बनाने के लिए आई हूँ कि तुम स्वतंत्रता से अपनी पसंद की लड़की चुन लो। मैंने पहली बार अपने दिल की इच्छाओं के विरुद्ध विवाह किया था। इसलिए जानती हूँ कि इससे कितना कष्ट होता है। अब मैं अमीर हूँ, बिना बच्चे के, स्वतंत्र अपनी संपत्ति की मालिक। यह है तुम्हारे विवाह का अंश।

''उसने एक बड़ा लिफाफा मुझे थमा दिया।

''मैंने आँखें जमाते हुए उसको घूरा, फिर पूछा—क्या तुम मेरी माँ हो?''

''वह तीन कदम पीछे हट गई और अपनी आँखों को हाथों से ढाँप लिया ताकि वह मुझे और न देख सके। उस आदमी—मेरे पिता—ने उसे अपनी बाँहों का सहारा दिया और मुझपर चिल्लाया—'तुम पागल हो।'

'' 'नहीं, बिलकुल नहीं।' मैंने उत्तर दिया, 'मैं भली-भाँति जानता हूँ कि आप लोग मेरे माता-पिता हैं। मुझे आसानी से धोखा नहीं दिया जा सकता। इसको मान लें और मैं आपका भेद बनाए रखूँगा, किसी प्रकार की ईर्ष्या नहीं करूँगा। मैं आज जो कुछ हूँ, वही रहूँगा—बढ़ई।'

''वह अभी भी अपनी पत्नी को सहारा देते हुए दरवाजे की तरफ मुड़ा, उसने सिसकियाँ भरनी शुरू कर दी थीं। मैंने दौड़कर दरवाजे में ताला लगा दिया और चाबी अपनी जेब में रख ली तथा कहना जारी रखा—'मेरी तरफ देखो और फिर इनकार करो कि वह मेरी माँ नहीं है।'

''इसपर उसने आत्म-नियंत्रण खो दिया और अधिक पीला पड़ गया, इस विचार से भयभीत होकर कि जिस कलंक को अब तक छिपाए रखा वह अब एकाएक सामने आ जाएगा, उनकी स्थिति, उनकी ख्याति, उनका मान—एक ही झटके में समाप्त हो जाएँगे।

'' 'तुम नीच हो,' वह चिल्लाया—'तुम हमसे पैसा हथियाना चाहते हो। लोग फिर भी कहते हैं कि साधारण आदमियों से अच्छा व्यवहार करो, आपत्तिकाल में उनकी सहायता करो, मूर्ख आदमी।'

''मेरी माँ व्याकुलता से बार-बार दोहराती रही—

'' 'आओ चलें, आओ चलें!'

''तब क्योंकि दरवाजे पर ताला लगा था, वह चिल्लाया—

'' 'यदि तुम तुरंत दरवाजा नहीं खोलते तो मैं तुम्हें भयादोहन और आक्रमण के अभियोग में कैद करवा दूँगा!'

''मैंने आत्म-नियंत्रण बनाए रखा और दरवाजा खोल दिया, फिर उनको अँधेरे में अदृश्य होते देखा।

''उस समय मैंने अचानक ऐसा महसूस किया कि मैं अभी-अभी अनाथ हो गया था, त्याग दिया गया था और गंदे नाले में फेंक दिया गया था। गुस्से, घृणा और निराशा से भरी भयानक उदासी ने मुझे घेर लिया था। मैंने अपने सारे शरीर में भावनाओं का सूजा हुआ जमघट, न्याय की उभरती लहर, सचाई, मान, तिरस्कृत

प्यार को अनुभव किया। मैंने उनको पकड़ने के लिए सीन नदी के किनारे की तरफ दौड़ना शुरू कर दिया क्योंकि चेटोन स्टेशन पर पहुँचने के लिए वे वही रास्ता अपनाया करते थे।

"मैंने बहुत पहले ही उन्हें पकड़ लिया। रात गहरी अँधेरी हो गई थी। मैं घास पर चुपके-चुपके दौड़ने लगा ताकि वे मेरी आहट न सुन सकें। मेरी माँ अभी भी रो रही थी, मेरा पिता कह रहा था, " 'यह तुम्हारी अपनी गलती है, उससे मिलने के लिए क्यों जोर देती थी? हमारा यह पागलपन था। हम बिना उसे बताए चोरी-चोरी उसपर दया दिखा सकते थे, यह देखते हुए कि हम उसे पहचान नहीं सकते, इस प्रकार के भययुक्त भेदों का क्या लाभ था?'

"फिर मैंने अपने आपको उनके रास्ते में गिरा दिया, प्रार्थी की तरह।

" 'स्पष्ट रूप से आप मेरे माता-पिता हैं,' मैं हकलाया—'तुम एक बार मेरा बहिष्कार कर चुके हो, क्या दोबारा मुझे स्वीकार नहीं करोगे?'

"इस पर, न्यायाधीश महोदय, उसने मेरी तरफ हाथ उठाया। मैं अपने मान, अपने कानून तथा अपनी सरकार की कसम खाकर कहता हूँ—उसने मुझे चोट पहुँचाई और मैंने उसे कोट के कॉलर से दबोचा। उसने अपनी जेब से पिस्तौल निकाली। मैंने लाल रंग देखा, मुझे मालूम नहीं कि मैंने क्या किया। मेरी जेब में केलीपर थे, मैंने उन्हें घुसा दिया अपनी सारी शक्ति के साथ।

"फिर औरत शोर मचाने लगी—'सहायता, हत्या' और मेरी दाढ़ी नोचने लगी। जाहिर है कि मैंने उसे भी मार डाला। मैं कैसे जान सकता हूँ कि उस क्षण मैंने क्या किया?

"जब मैंने दोनों को भूमि पर लेटे देखा, मैंने बिना सोचे, उनको सीन नदी में फेंक दिया।

"बस, इतना ही, अब मेरा न्याय कीजिए।"

अभियुक्त पुन: बैठ गया। इस रहस्योद्घाटन के पश्चात् अभियोग को अगले सत्र तक मुल्तवी कर दिया गया। यह जल्दी ही दोबारा सामने आएगा। यदि आप और मैं, जूरी होते तो इस पितृहत्या के मामले में क्या करते?

□

माँ और बेटा

रात का खाना खत्म कर मर्दों की टोली धूम्रपान कक्ष में बातचीत कर रही थी। वे सब अप्रत्याशित विरासत और विचित्र रूप से पैतृक धन मिल जाने के विषय पर चर्चा कर रहे थे। तब मास्टर ले ब्रुमेंट आगे बढ़े और आग की ओर अपनी पीठ करके खड़े हो गए। उन्हें हम लोग कभी एक शानदार न्यायाधीश तो कभी शानदार वकील कहा करते थे।

उन्होंने कहा, मुझे एक ऐसे उत्तराधिकारी को ढूँढ़ना है, जो चिंताजनक परिस्थितियों में अजीब तरीके से गायब हो गया है। आम तौर पर यह जिंदगी में सामने आनेवाली भयावह घटनाओं में से एक है। शायद ऐसी घटनाएँ आए दिन होती हैं, लेकिन जहाँ तक मैं समझता हूँ, जिस घटना का जिक्र मैं कर रहा हूँ, वह शायद सबसे डरावनी है। उस घटना से जुड़े ये कुछ तथ्य हैं, जो मैं आप सबके सामने रख रहा हूँ—

करीब छह महीने पहले मैं एक ऐसी महिला के सामने खड़ा था, जो अपनी अंतिम साँसें ले रही थी। उसने मुझसे कहा, 'महोदय, मैं आपको एक ऐसी जिम्मेदारी सौंप रही हूँ, जो सबसे संकटपूर्ण, सबसे कठिन और सबसे ज्यादा थका देनेवाली है। कृपा कर मेरी उस वसीयत को पढ़ लें, जो वहाँ टेबल पर रखी है। अगर आप इसमें नाकाम हुए तो भी आपको फीस के पाँच हजार फ्रैंक मिलेंगे, और अगर आप क़ामयाब रहे तो आपके हिस्से में आएँगे एक लाख फ्रैंक। मैं चाहती हूँ कि मेरी मृत्यु के बाद आप मेरे बेटे को ढूँढ़ निकालें।'

उसने बिस्तर पर बैठने के लिए मुझसे मदद माँगी, ताकि वह और अच्छी तरह से मुझसे बात कर सके। वह कराहती हुई मुझसे बात कर रही थी। उसका दम फूल रहा था और गले से भारी होती जा रही साँस की आवाज आ रही थी।

उसका मकान धन-संपदा से भरपूर नजर आ रहा था। उसमें सुरुचिपूर्ण सादगी से सजा-धजा एक-एक आलीशान अपार्टमेंट था। दीवार पर भव्य दिखनेवाली सामग्री की मोटी परत थी। फर्श इतना मुलायम दिख रहा था, मानो आगंतुकों का स्वागत कर रही हो।

अपनी बची-खुची साँसें गिन रही महिला ने आगे कहा—

आप पहले शख्स हैं, जिन्हें मैं अपनी यह भयंकर कहानी सुना रही हूँ। मैं कोशिश करती हूँ कि अपने हौसले से मैं आपको यह कहानी अंत तक सुना सकूँ। आपके लिए सबकुछ समझ लेना जरूरी है। मैं जानती हूँ कि आप दयालु होने के साथ-साथ दुनियादार भी हैं। उम्मीद करती हूँ कि आप पूरी ईमानदारी और क्षमता के साथ मेरी मदद करेंगे। मेरी बात गौर से सुनिए—

शादी से पहले मैं एक नौजवान से प्यार करती थी। मगर मेरे परिवार ने उसे स्वीकार नहीं किया, क्योंकि वह इतना धनी नहीं था। कुछ ही दिनों बाद मेरी शादी एक धनवान व्यक्ति से हो गई। मैंने उससे बिना कुछ जाने-समझे, बस अपने माँ-बाप का कहा मानकर शादी कर ली। वैसे ही जैसे ज्यादातर जवान लड़कियाँ कर लेती हैं।

उसके यहाँ मैंने एक लड़के को जन्म दिया। कुछ वर्षों बाद मेरे पति की मौत हो गई।

इस दौरान जिस लड़के से मैं प्यार करती थी, उसकी शादी हो चुकी थी। जब उसने देखा कि मैं विधवा हो गई हूँ, तो उसे इस बात का बहुत दु:ख हुआ। उसे इस बात का भी अफसोस था कि वह अब पहले की तरह कुँवारा और आजाद नहीं था। वह मुझसे मिलने आया। मुझे देखकर वह इतना फूट-फूटकर रोया कि मेरा दिल भी पसीज गया। पहले वह मुझसे एक दोस्त की तरह मिलने आया। शायद मुझे उसे अपने घर आने ही नहीं देना चाहिए था। पर मैं क्या करती? मैं एकदम अकेली, उदास, बेसहारा और नाउम्मीद जो थी! और शायद मैं तब भी उसे चाहती थी। हम औरतों को कभी-कभी न जाने किस-किस तरह के दु:ख उठाने पड़ते हैं!

अब तक मेरे माँ-बाप गुजर चुके थे, और इस दुनिया में उसके सिवाय मेरा और कोई परिचित नहीं था। वह अकसर मेरे घर आने लगा। पूरी शाम मेरे साथ ही रहता। मुझे उसे इतनी जल्दी-जल्दी अपने यहाँ नहीं आने देना चाहिए था। इस वजह से भी कि वह खुद शादीशुदा था। पर मेरे अंदर इतनी इच्छाशक्ति नहीं थी कि मैं उसे आने से रोक पाती।

अब मैं कैसे बताऊँ ? वह मेरा प्रेमी बन चुका था। यह सब कैसे हुआ ? क्या मैं इसे सही ठहरा सकती हूँ ? क्या कोई भी इसे उचित ठहरा सकता है ? क्या आप सोचते हैं कि जब दो लोग एक-दूसरे के प्यार में खिंचे चले जाते हैं तो उनके जीवन में इससे उलट भी कुछ हो सकता है ? महोदय, क्या आप यह सोचते हैं कि हमारे अंदर ऐसी शक्ति होती है कि हम अपने आप से हमेशा लड़ते रहें और किसी की विनती को ठुकराते रहें। क्या यह संभव है कि कोई अनुनय-विनय करता रहे, आँसू बहाता रहे, उन्मत्त शब्द कहे, घुटनों के बल बैठकर याचना करे, प्यार जताए और हम उसे नजअंदाज करें। यही वे तरीके हैं, जिनसे ऐसे पुरुष हमारे करीब आने की कोशिश करते हैं, जिन्हें हम चाहते हैं, जिनकी छोटी-से-छोटी इच्छा पूरी करते हैं, उनकी खुशियों का खयाल रखते हैं। इतना कुछ होने के बावजूद अगर हम सम्मान के लिए संसार के कायदे पर चलें तो क्या हम निराशा के अँधेरे में नहीं डूब जाएँगे ? इसके लिए इतनी शक्ति कहाँ से आएगी ? खुशियों का गला घोंटने का क्या खूब तरीका होगा ? खुद को अनसुना करने की क्या जिद होगी ? और पाक-साफ दिखने की खुदगर्जी नहीं होगी ?

संक्षेप में कहूँ महोदय, तो मैं उसकी पत्नी बन चुकी थी और मैं खुश थी। यही नहीं, यह मेरी सबसे बड़ी कमजोरी भी थी और सबसे बड़ी कायरता का नमूना भी कि मैं उसकी पत्नी की दोस्त बन गई।

सबने मिलकर मेरे बेटे की परवरिश की। हमने उसे एक संपूर्ण पुरुष बनाया, जो बुद्धिमान था, विवेकी और निश्चय का पक्का था। साथ ही महान् और उदार विचारोंवाला भी था। देखते-ही-देखते वह सत्रह वर्ष का हो गया।

मेरा नौजवान पुत्र मेरी ही तरह मेरे प्रेमी से बहुत प्यार करता था। जितना मैं अपने प्रेमी को चाहती थी, मेरा पुत्र भी उसे उतना ही चाहता था। वजह यह थी कि वह हम दोनों की आँखों का तारा था और हम उसका पूरा खयाल रखते थे। मेरा बेटा उसे डियर फ्रेंड कहकर बुलाया करता था। उसकी बहुत इज्जत करता था, बदले में उसने भी ईमादारी, कर्मठता और सम्मान का सबक सीखा। वह उसे अपनी माँ के पुराने स्वामिभक्त और समर्पित कॉमरेड की तरह देखता था। मैं कैसे बताऊँ, वह उसे नैतिकता सिखानेवाले पिता, अभिभावक और संरक्षक की तरह समझता था।

शायद इस वजह से भी वह उससे कोई सवाल नहीं करता था, क्योंकि उसने बचपन से ही मेरे घर में उसे देखा था, जो हर वक्त मेरे करीब रहता था, और हम दोनों के सुख-दुःख का खयाल रखा करता था।

एक शाम मैं रात के खाने पर उन दोनों का इंतजार कर रही थी। यह मेरा पसंदीदा काम था। मैं दोनों की राह देख रही थी, साथ ही खुद से यह सवाल कर रही थी कि दोनों में पहले कौन आएगा। तभी दरवाजा खुला, मेरा प्रेमी अंदर दाखिल हुआ। मैं उसकी तरफ अपनी बाँहें फैलाए आगे बढ़ी। उसने अपने होंठ मेरे होंठ पर रखे और एक लंबा सा चुंबन लिया।

अचानक हमें एक हलकी सी आवाज सुनाई पड़ी। यह वैसे ही सरसराहट और रहस्यमयी आवाज, जो किसी के होने का अहसास कराती है। हमने पीछे मुड़कर देखा तो मेरा बेटा जीन खड़ा था। वह हतप्रभ था और हमें एकटक हैरानी से देखे जा रहा था।

उस वक्त एक अजीब सी उलझन पैदा हो गई थी। मैं पीछे हटी, अपने बेटे की तरफ हाथ बढ़ाती हुई आगे बढ़ी, जैसे मैं उसे मनाना चाहती थी। पर वह पलटा और मेरी नजरों से ओझल हो गया। वह जा चुका था।

मैं और मेरे प्रेमी, दोनों एक-दूसरे के सामने अब भी खड़े थे। इतने अफसोस में डूबे थे कि एक शब्द तक बोलने की स्थिति में नहीं थे। मैं धम्म से कुरसी पर बैठ गई। अंदर से एक अस्पष्ट मगर तीव्र इच्छा पैदा हुई कि दौड़कर बाहर चली जाऊँ, रात के अँधेरे में हमेशा-हमेशा के लिए गुम हो जाऊँ। फिर मेरे अंदर से सिसकियाँ फूट पड़ीं। मैं रो रही थी, दर्द से काँप रही थी। मेरा दिल टूट चुका था, मेरी नस-नस में हमेशा के लिए कुछ खो देने और बदकिस्मती का वह भयंकर अहसास हो रहा था। मैं शर्म से गड़ी चली जा रही थी। ऐसी परिस्थिति में फँसी किसी भी माँ की तरह, मेरे हृदय में भी शर्म और पीड़ा का भाव भरता चला जा रहा था।

उसने डरे-सहमे चेहरे से मेरी ओर देखा। कहीं मेरा बेटा फिर न लौट आए, इस भय से उसमें न मुझे छूने की हिम्मत थी, और न मुझसे बात करने की। आखिर में उसने कहा—

मैं उसे ढूँढ़ने जा रहा हूँ, उससे बात करूँगा और सबकुछ समझा दूँगा। बस इतना कहूँगा कि मुझे उससे मिलना होगा और सबकुछ बताना होगा।

और फिर वो तुरंत निकल गया।

मैं इंतजार करने लगी। विचलित मनोदशा के साथ इंतजार करने लगी। मैं हलकी सी आवाज से भी काँपने लगती, अंगीठी में जलती आग से कुछ चटखने की भी आवाज होती तो मैं बुरी तरह डर जाती और फिर मेरे मन में ऐसे-ऐसे खयाल आते कि मैं बता नहीं सकती।

मैंने एक घंटे तक इंतजार किया, फिर दो घंटे हो गए। मेरा दिल डर से ऐसे

काँप रहा था, जैसा पहले कभी नहीं हुआ था। वह ऐसी वेदना थी कि जिसका कष्ट, मैं नहीं चाहूँगी कि दुनिया के सबसे दुर्दांत अपराधी को दस मिनट के लिए भी सहना पड़े। मैं सोच रही थी कि मेरा बेटा कहाँ होगा? वो क्या कर रहा होगा?

आधी रात के करीब एक संदेशवाहक मेरे पास मेरे प्रेमी की लिखी एक परची लेकर आया। मुझे आज भी उसका एक-एक शब्द याद है।

क्या तुम्हारा बेटा लौट आया? मैं उसे ढूँढ़ नहीं सका। मैं यहाँ हूँ। मैं इस वक्त कहीं नहीं जाना चाहता हूँ।

मैंने उसी परची पर पेंसिल से लिखा—

जीन अब तक नहीं लौटा है। तुम्हें उसे ढूँढ़ना ही होगा।

और मैंने पूरी रात उसी कुरसी पर बैठे-बैठे, उसके इंतजार में बिता दी।

मुझे लग रहा था कि मैं पागल हो जाऊँगी। ऐसा लग रहा था कि मैं पागलों की तरह दौड़ने लग जाऊँ, जमीन पर लोटने लग जाऊँ। मगर मैं अपनी जगह से हिल भी नहीं पा रही थी। बस इंतजार करती जा रही थी। एक घंटे के बाद दूसरा घंटा बीतता चला जा रहा था। आखिर अब क्या होगा? मैं यह सोच रही थी, अंदाजा लगाने की कोशिश कर रही थी। लेकिन दिमाग पर पूरा जोर डालने के बाद, और अपनी अंतरात्मा की धिक्कार सुनकर भी मैं किसी नतीजे पर नहीं पहुँच पा रही थी।

और तब मुझे यह डर लगने लगा कि दोनों मिल गए तो क्या होगा। दोनों आमने-सामने आएँगे, तो क्या करेंगे? मेरा बेटा क्या करेगा? मेरा दिमाग भयभीत करनेवाली शंकाओं और अशुभ आशंकाओं से जैसे फटा जा रहा था।

महोदय, क्या आप मेरी भावनाओं को समझ पा रहे हैं? मेरी नौकरानी, जो इन बातों से अनजान थी, वह बार-बार मेरे कमरे में आती और लौट जाती। उसे शायद लग रहा था कि मेरा दिमाग खराब हो चुका है। मैं उसे कुछ कहकर या फिर इशारा कर बाहर जाने को कह देती थी। उसने एक डॉक्टर को बुला लिया, जिसने बताया कि मुझे कोई गहरा सदमा लगा है।

मुझे बिस्तर पर लिटा दिया गया। मुझे दिमागी बुखार था।

लंबी बीमारी के बाद जब मुझे होश आया, तब मैंने अपने करीब अपने प्रेमी को देखा—वह अकेला था।

मैं पूछ बैठी—

मेरा बेटा? मेरा बेटा कहाँ है?

उसने कोई जवाब नहीं दिया, मैं हकलाने लगी—

मर गया, मर गया। क्या उसने खुदकुशी कर ली?

नहीं, नहीं, मैं कसम खाकर कहता हूँ। लेकिन पूरी कोशिश के बाद भी हम उसे ढूँढ़ नहीं सके।

तब मैं अचानक उत्तेजित हो गई, कुछ हद तक क्रोधित भी। अकसर कहा जाता है कि औरतों में इस तरह का गैरजिम्मेदार और अविवेकपूर्ण क्रोध देखा जाता है। उसी तरह के गुस्से से मैंने कहा—

खबरदार! उसे ढूँढ़े बगैर तुम कभी मेरे करीब न आना और न मुझसे मिलने की कोशिश करना। चले जाओ यहाँ से!

वह चला गया।

उसके बाद से न मैंने कभी अपने बेटे को देखा, न अपने प्रेमी को। बीस साल से मैं ऐसे ही जिंदगी काट रही हूँ।

क्या आप सोच सकते हैं कि मेरे ऊपर क्या बीती है? क्या आप इस भयानक सजा का अंदाजा लगा सकते हैं, जिसमें एक माँ का हृदय इन अंतहीन मुसीबत के पलों की वजह से धीरे-धीरे पंगु होता चला गया? अंतहीन ही कहा न मैंने? पर नहीं, इसका अंत होनेवाला है, क्योंकि मैं अपने प्राण त्याग रही हूँ। मैं मर रही हूँ, और मैं इस वक्त भी उनमें से किसी को भी देखे बिना इस दुनिया से जा रही हूँ।

उसने—जिसने मुझसे प्यार किया, पिछले बीस वर्षों से रोज चिट्ठी लिखता है। मगर मैंने कभी उसे मिलने की इजाजत नहीं दी, एक सेकेंड के लिए भी नहीं। क्योंकि मेरे अंदर एक विचित्र भावना थी, कि अगर वह मुझसे मिलने आया, तो ठीक उसी वक्त मेरा बेटा भी यहाँ उपस्थित हो जाएगा। ओह! मेरा बेटा! मेरा बेटा! क्या वह मर चुका है? क्या वह जिंदा है? आखिर वह कहाँ छिपा है? वहाँ है, शायद उसे विशाल सागर के पार या फिर एक ऐसे सुदूर देश में, जिसका मैं नाम तक नहीं जानती, क्या वह कभी मुझे याद करता है? काश! वह समझ पाता। ये बच्चे भी कितने कठोर होते हैं! क्या उसने सोचा कि वह मुझे किस भयंकर पीड़ा को झेलने के लिए छोड़े जा रहा है? उसने सोचा कि जवानी के दिनों से लेकर इस बुढ़ापे तक वह मुझे निराशा के किस भँवर में अनगिनत वेदनाओं को सहने के लिए धकेलकर जा रहा है? क्या उसे अहसास है कि उसकी बूढ़ी माँ, जिसने वात्सल्य के चरम तक उससे प्यार किया, वह मरने जा रही है? ओह! क्या यह उसकी निर्दयता नहीं है?

आप उसे यह सब बताएँगे न महोदय? क्या आप नहीं बताएँगे? आप उसे मेरे ये अंतिम शब्द जरूर सुनाइएगा—

'मेरे बच्चे, मेरे प्यारे-प्यारे बच्चे, बूढ़ी औरतों पर दया करो! जिंदगी उनके साथ पहले ही जल्लादों और जंगलियों जैसा व्यवहार करती है। मेरे प्रिय पुत्र, जरा सोचो कि जब से तुम गए हो, तुम्हारी माँ का क्या हाल हुआ है। मेरे प्यारे बच्चे, उसे माफ कर दो, उसे प्यार करो, और चूँकि उसे लंबी असह्य पीड़ा सहनी पड़ी, इसलिए वह अब जब कि वह मर चुकी है।'

उसका दम फूलने लगा, वह इस तरह काँपने लगी जैसे अपने जीवन के आखिरी शब्द कह रही हो और उसका बेटा बिस्तर के करीब खड़ा सबकुछ सुन रहा हो।

उसने आगे कहा—

महोदय, उसे यह भी बता दीजिएगा कि मैंने उस दूसरे आदमी का चेहरा फिर कभी नहीं देखा।

एक बार फिर वह चुप हो गई, और फिर उखड़ती साँसों को थामकर कहा—

कृपा कर अब मुझे अकेला छोड़ दीजिए। मैं अकेले ही मरना चाहती हूँ, क्योंकि वे दोनों मेरे साथ नहीं हैं।

मास्टर ले ब्रुमेंट ने आगे कहा—

और दोस्तो, फिर एक मूर्ख की तरह फूट-फूटकर रोता हुआ मैं उसके घर से बाहर निकला। सच कह रहा हूँ, मेरे रोने की आवाज सुनकर मेरा बग्गी चालक घूमकर मुझे देखने लगा था।

जरा सोचिए, हर दिन हमारे आस-पास इस तरह विधि का खेल खेला जा रहा है।

मुझे उसका वह बेटा नहीं मिला है। हाँ, उसका वही बेटा। आप लोग उसे चाहे जो कहें, मैं तो उसे एक गुनहगार बेटा ही कहूँगा।

□

एक परिवार

मैं अपने पुराने दोस्त साइमन रादाविन से मिलनेवाला था। उससे मिले पंद्रह साल हो चुके थे। किसी जमाने में वह मेरा सबसे जिगरी यार हुआ करता था। वह ऐसा दोस्त था, जो मेरी भावनाओं को समझता था, जिसके साथ मैं अपनी शामें खामोशी और खुशी से बिता सकता था। वह ऐसा हमराज था, जिससे मैं अपने प्यार का जिक्र कर सकता था। उसके सोचने-समझने का अंदाज इतना अनोखा, सरल और संवेदनशील था कि उसकी सहानुभूति से मैं तसल्ली महसूस करने लगता था।

कई वर्षों तक शायद ही कोई पल गुजरा जब हम एक-दूसरे के साथ न रहे हों। हम एक साथ रहते थे, घूमते थे, सोचते और यहाँ तक कि सपने भी एक साथ ही देखा करते थे। हमारी पसंद एक थी, एक ही पुस्तक को हम दोनों पसंद करते थे, एक जैसे लेखकों की पुस्तकें पढ़ा करते थे, एक जैसी उत्तेजना से काँप जाते थे, और अकसर एक नजर भर किसी को देखकर ही हम दोनों उस पर एक साथ हँस पड़ते थे।

फिर उसकी शादी हो गई। उसने चुपचाप और एकदम अचानक, एक ऐसी लड़की से शादी कर ली, जो दूर के राज्य से पेरिस में अपने लिए एक पति की तलाश में आई थी। यह बात मेरी समझ में आज तक नहीं आई कि आखिर कैसे उसे उस छोटी और पतली सी लड़की ने, जो लाखों शादी योग्य आम लड़कियों जैसी ही थी, जो फीकेपन की हद तक गोरी थी, जिसके हाथ कमजोर थे, आँखें हलकी और विचारशून्य थीं, और जिसकी आवाज ही मूर्खों जैसी थी, उस चालाक नौजवान को अपने जाल में फँसा लिया? क्या कोई मुझे यह बात समझा सकता है? इसमें कोई शक नहीं कि उसने एक अच्छी, कोमल और वफादार महिला की

बाँहों में शांत और चिरस्थायी खुशी की कल्पना की होगी। शायद उसने वह सब उस साधारण और भूरे बालोंवाली स्कूल गर्ल के अंदर देख लिया होगा।

उसे इस हकीकत का खयाल नहीं आया होगा कि एक सक्रिय, सजीव और तेज-तर्रार व्यक्ति जैसे ही जीवन की कड़वी सच्चाइयों को समझने लगता है, उसे इन सब चीजों से ऊब होने लगती है, बशर्ते वो इतना कठोर न हो गया हो कि उसकी सूझबूझ ही खत्म हो गई हो।

मैं सोच रहा था, आखिर इतने वर्षों बाद जब वह मिलेगा तो कैसा होगा? क्या वह अब भी उसी तरह का चंचल, मजाकिया, नेकदिल और जोशीला होगा, या ग्रामीण जीवन के असर से दिमागी तौर पर सुन्न हो चुका होगा? पंद्रह साल का वक्त किसी भी इनसान को बदलने के लिए काफी होता है।

□

ट्रेन एक छोटे से स्टेशन पर रुकी। मैं जैसे ही बाहर निकला, एक मोटा, बहुत मोटा आदमी, जिसके गाल लाल थे और पेट निकला था, मेरी ओर बाँहें फैलाए चीखते हुए दौड़ा—जॉर्ज! मैंने उसे गले से लगाया, लेकिन मैं उसे पहचान नहीं पा रहा था, और तब मैंने आश्चर्यचकित होकर कहा, 'ओह जोव! तुम अब तक पतले नहीं हुए हो!' और उसने हँसते हुए मेरी बात का जवाब दिया—

'तुमने क्या सोचा था? अच्छा जीवन, एक अच्छा टेबल और अच्छी रातें! मेरे जीवन का मतलब बस खाना और सोना है!'

मैंने उसे करीब से देखा। उस बड़े से चेहरे में मैं उन खूबियों की तलाश कर रहा था, जो किसी समय मुझे अच्छी लगती थीं। सिर्फ उसकी आँखें थीं, जो अब तक बदली नहीं थीं, लेकिन उनमें भी अब वे भाव नजर नहीं आ रहे थे। तब मैंने अपने आप से कहा—अगर किसी के चेहरे के हावभाव उसकी सोच का आईना हैं, तो अब उसकी सोच वैसी नहीं रह गई, जैसी पहले हुआ करती थी, और जिन्हें मैं अच्छी तरह समझता था।

फिर भी उसकी आँखों में दोस्ती और खुशी की वह चमक बरकरार थी। हालाँकि अब उनमें वह चमक और चतुर भाव नहीं थे, जो किसी की तीक्ष्ण बुद्धि का परिचय देते हों। अचानक उसने कहा—

'ये रहे मेरे दो सबसे बड़े बच्चे।' एक चौदह साल की लड़की थी, जो एक औरत की तरह नजर आ रही थी, और दूसरा लड़का था, जो तेरह साल का था। लड़के ने लिसी स्कूल की ड्रेस पहन रखी थी। वह सकुचाते और शरमाते हुए आगे आया, और तब मैंने उसकी ड्रेस की ओर इशारा कर धीरे से पूछा, 'क्या ये तुम्हारे

हैं?' 'बिल्कुल ये मेरे ही हैं', उसने हँसते हुए जवाब दिया। 'तुम्हारे पास कितने हैं?' 'पाँच! घर पर तीन और रखे हैं।'

उसने गर्व से, आत्मसंतुष्टि से और प्रफुल्लित होकर कहा। मगर मुझे बहुत दया आई। इस दंभ और इनसानी दिखावे से मेरे मन में कुछ हद तक घृणा का भाव पैदा हो गया।

साइमन हमें लेकर शहर की ओर चला। गाड़ी वह खुद चला रहा था। हम उस सुस्त, अलसाए और उदास शहर से गुजर रहे थे, जहाँ कुछ कुत्तों और एक-दो नौकरानियों के सिवाय सड़कों पर किसी प्रकार की हलचल नहीं थी। यहाँ-वहाँ कुछ दुकानदार अपनी हैट उठाकर साइमन का अभिवादन करते और साइमन पलटकर उन्हें सैल्यूट करता। साइमन उनके नाम मुझे बताता जा रहा था। निस्संदेह वह यह दिखाना चाहता था कि वह यहाँ रहनेवालों को व्यक्तिगत रूप से जानता है। तब मुझे खयाल आया कि उसके दिमाग में चैंबर ऑफ डेप्युटी का उम्मीदवार बनने की बात चल रही है। यह हर उस व्यक्ति का सपना है, जो प्रदेशों में गुजर-बसर कर रहा है।

कुछ ही देर में हम शहर से बाहर निकल आए और गाड़ी एक बाग की ओर मुड़ी, जो किसी पार्क की नकल लग रहा था। हम एक बुर्जदार घर के आगे रुके, जिसे किसी महल की शक्ल देने की कोशिश की गई थी।

'यही है मेरा ठिकाना', साइमन ने यह सोचते हुए कहा कि मैं उसके घर की तारीफ करूँगा। मैंने भी कहा, 'घर सुंदर है।'

एक महिला सीढ़ियों पर नजर आई, वह ऐसे तैयार हुई थी जैसे किसी कंपनी में जा रही हो और कंपनी की बोलचाल के शब्द भी पहले से रट रखे हों। वह अब पतली-दुबली और भूरे बालोंवाली लड़की नहीं थी, जिसे मैंने पंद्रह साल पहले चर्च में देखा था, बल्कि एक मोटी महिला थी, जो मोटे-ताजे शरीर के साथ झूमकर चल रही थी। देखने में उन महिलाओं जैसी थी, जिनकी उम्र का अंदाजा लगाना मुश्किल होता है, जिनमें न बुद्धि होती है और न वह सबकुछ, जो एक महिला में होना चाहिए। संक्षेप में कहूँ, तो वह एक माँ थी, मोटी, सामान्य माँ, जो बच्चे पैदा करने की मशीन होती है और जिसके जीवन में अपने बच्चों और अपने रसोईघर के सिवाय कोई और काम नहीं होता।

उसने मेरा स्वागत किया और हॉल में चली गई, जहाँ तीन और बच्चे अपने कद के हिसाब से इस तरह निरीक्षण के लिए खड़े थे, जैसे फायरमैन किसी मेयर के सामने खड़े रहते हैं। और तब मैंने कहा—ओह! ओह! तो ये हैं वो बाकी के?

साइमन ने चहकते हुए उनका परिचय कराया—जीन, सोफी और गोंथा।

ड्रॉइंग-रूम का दरवाजा खुला था। मैं अंदर दाखिल हुआ तो मेरी नजर आराम-कुरसी पर बैठे एक काँपते बुजुर्ग और लकवाग्रस्त व्यक्ति पर पड़ी। मैडम रादाविन ने आकर कहा—महोदय, ये मेरे दादाजी हैं, इनकी उम्र सत्तासी वर्ष है। फिर उसने काँपते हुए व्यक्ति के कानों में जोर से कहा—पापा, ये साइमन के दोस्त हैं। बूढ़े व्यक्ति ने 'दिन शुभ हो' कहने की कोशिश की और बोले—वाह, वाह, वाह! और हाथ से इशारा किया, मैंने कुरसी पर बैठते हुए कहा—आप बहुत दयालु हैं, महोदय।

साइमन अभी कमरे में आया ही था कि उसने हँसते हुए कहा—तो तुम्हारी जान-पहचान दादाजी से हो गई। ये बुजुर्ग व्यक्ति एक धरोहर हैं। बच्चे इनसे बहुत खुश रहते हैं। लेकिन ये इतने लालची हैं कि खाने के समय खुद को मार डालने पर तुल जाते हैं। तुम सोच भी नहीं सकते कि अगर इनकी मरजी चली तो ये क्या खाना पसंद करेंगे। लेकिन तुम वह खुद देखोगे, जरूर देखोगे। ये सारी मिठाइयों को ऐसे देखते हैं, जैसे वे कई सारी लड़कियाँ हों। आज जो तुम देखोगे, वैसा हँसा देनेवाला नजारा पहले तुमने कभी नहीं देखा होगा।

मुझे मेरा कमरा दिखाया गया, ताकि मैं डिनर से पहले अपने कपड़े बदल सकूँ। कमरे की ओर बढ़ते समय मुझे एक साथ कई कदमों की खड़खड़ाहट अपने पीछे सुनाई पड़ी। देखा तो सारे बच्चे अपने पापा के साथ मुझे सम्मान के साथ मेरे कमरे तक छोड़ने आ रहे थे।

□

मैंने खिड़की से बाहर देखा तो एक सुनसान, अनंत मैदान, घास का समुद्र, गेहूँ और जई के खेत थे। न पेड़ों का झुरमुट था, न कोई उठी हुई जमीन। कुल मिलाकर एक नीरस और उबाऊ जीवन की तसवीर थी, जो इस घर के सभी लोग बिता रहे थे।

तभी घंटी बजी। यह डिनर का बुलावा था। मैं सीढ़ियों से नीचे उतरा। मैडम रादाविन ने मेरे हाथ में हाथ डाला और मुझे औपचारिक तरीके से डाइनिंग-रूम तक ले गईं। एक सेवक बुजुर्ग व्यक्ति को उनके आर्मचेयर पर बिठाकर लाया। उन्होंने अपने हिलते हुए सिर को बड़ी मुश्किल से एक प्लेट से दूसरी प्लेट की ओर घुमाते हुए मीठे पकवानों को लालच और उत्सुकता भरी नजर से देखा।

साइमन ने हाथ मलते हुए कहा—अब तुम्हें मजा आएगा। और तब सभी बच्चों ने, यह मानकर कि मैं उनके लालची दादाजी के इस कारनामे को देखकर

खुश हो जाऊँगा, हँसने लगे। उनकी माँ जरा सी मुसकराई और फिर अपने कंधे उचका दिए। साइमन ने अपनी हथेली को भोंपू की शक्ल देते हुए बूढ़े व्यक्ति को जोर से कहा—आज की शाम क्रीमवाला मीठा चावल बना है! दादाजी का झुर्रीदार चेहरा चमक उठा। वे सिर से पैर तक और जोर से काँपने लगे, और यह दिखाने की कोशिश करने लगे कि उन्हें बेहद खुशी हुई है। उसके बाद खाना शुरू हुआ।

जरा उधर देखो! साइमन ने फुसफुसाते हुए कहा। बूढ़े व्यक्ति को सूप पसंद नहीं था, उन्होंने इसे पीने से इनकार कर दिया। लेकिन सेहत का खयाल करते हुए उन्हें इसे पीना ही था। लिहाजा सेवक ने जबरदस्ती उनके मुँह में सूप का चम्मच डाल दिया, लेकिन बूढ़े व्यक्ति ने इतनी ताकत से फूँक मारी कि सूप मुँह में जाने की बजाय फव्वारे की तरह टेबल के चारों ओर बिखर गया, यहाँ तक कि आस-पास बैठे लोगों की प्लेट में भी जा गिरा। बच्चे यह देखकर ठहाके लगाने लगे, जबकि उनके पापा, जो खुद भी हँस रहे थे, उन्होंने कहा—ये बुड्ढा नाटक तो नहीं करता?

पूरे डिनर के दौरान सब मेरा खयाल रखने में जुटे थे। बूढ़े व्यक्ति ने टेबल पर रखे खाने को निगल जानेवाली नजरों से देखा। अकसर वह काँपते हाथों से उन्हें अपनी ओर खींचना चाहते थे। सबकुछ उनकी पहुँच में रख दिया गया था, ताकि उन्हें थरथराते हाथों से पकड़ते देख सकें। उन्हें अपनी लाचार नजरों, मुँह और नाक से सूँघने की हरकत करते हुए देख सकें और उन पर तरस खा सकें। बुजुर्ग भी अजीब सी आवाज करते हुए अपने टेबल नैपकिन पर लार टपका रहे थे। पूरा परिवार इस भयंकर और विकृत तसवीर को देखकर बेहद खुश था।

फिर उनकी प्लेट में एक छोटा सा टुकड़ा रखा गया, जिसे उन्होंने एक भुक्खड़ की तरह खाया, ताकि जल्दी से उन्हें दूसरा टुकड़ा मिल सके। जब मीठा चावल उनकी प्लेट में डाला गया तो उन्हें जैसे मिरगी ही आ गई। वह लालच से गुर्राने लगे, तभी गोंथा ने जोर से उनसे कहा—

आप पहले ही इतना खा चुके हैं कि अब और नहीं खा सकते। और फिर सबने नाटक किया कि वे उन्हें और नहीं देंगे। तब वह रोने लग गए। वह जितनी जोर से रो रहे थे, उतनी ही जोर से काँप रहे थे। लेकिन बच्चे थे कि जोर-जोर से हँसे जा रहे थे। आखिर में, सबने मिलकर उन्हें खाना खिलाया, थोड़ा-थोड़ा ही सही। जैसे ही वे पहला निवाला खाते, उनके कंठ से एक अजीब सी आवाज आती, वैसी ही जैसी बड़ा निवाला खाने के बाद बतख किया करती है। जैसे ही वे एक निवाला खा लेते, अपने पैर पटकने लगते कि उन्हें दूसरा निवाला खिला दिया जाए।

उदास करनेवाली और हास्यास्पद इस नौटंकी को देखकर मैं दुखी था। मैंने उस बुजुर्ग का पक्ष लेते हुए कहा—

चलो, उन्हें थोड़ा और चावल दे दो! लेकिन साइमन ने कहा—अरे! नहीं, मेरे दोस्त, अगर उन्होंने ज्यादा खा लिया, तो इस उम्र में उनके लिए नुकसानदेह होगा।

मैं चकित था और उसके शब्दों पर गौर कर रहा था। वाह री नीति! वाह रे तर्क! वाह रे बुद्धि! उनकी इस उम्र में! तो उनकी सेहत का खयाल करते हुए वे उन्हें उनकी आखिरी खुशी से भी महरूम कर रहे हैं! उनकी सेहत की खातिर! इस सेहत का वे क्या करेंगे, जबकि वे निष्क्रिय और काँपते मलबे का ढेर हो चुके हैं। उन्होंने कहा कि वे उनकी जिंदगी की देखभाल कर रहे हैं। उनकी जिंदगी? आखिर कितने दिन? दस, बीस, पचास या सौ वर्ष? पर क्यों? उनकी खातिर? या इसलिए, ताकि कुछ और समय तक पूरा परिवार उनके लोभ और लाचारी के नजारे का लुत्फ उठा सके।

उनकी जिंदगी में अब करने को कुछ नहीं रह गया था, कुछ भी नहीं। उनकी बस एक ही ख्वाहिश थी, बस एक ही आनंद, जब तक वे जिंदा हैं तब तक क्यों न उन्हें इसका मजा लेने दिया जाए?

हम लोग काफी देर तक ताश खेलते रहे। फिर मैं अपने कमरे में गया और बिस्तर पर बैठ गया। सामने खिड़की थी और मेरा मन बहुत उदास था—उदास, उदास, एकदम उदास! बाहर एकदम सन्नाटा था। हाँ, बहुत दूर से किसी चिड़िया के चहचहाने की आवाज आ रही थी। शायद रात के इस वक्त वह कूक से अपनी साथी को लोरी सुना रहा था, जो अपने अंडे से रही थी। और तब मैं अपने दोस्त के बेचारे पाँच बच्चों के बारे में सोचने लगा, अपने मन में कुरूप पत्नी के साथ खर्राटे भरकर सोते हुए दोस्त की तसवीर बनाई।

□

दो दोस्त

दुश्मन सेनाओं से घिर चुका पेरिस अकाल की चपेट में था। यहाँ तक कि छतों पर नजर आनेवाली गौरैया और नालों से चूहे भी गायब हो रहे थे। लोगों को जो कुछ मिलता, उसे खाकर अपनी भूख मिटा रहे थे।

वह जनवरी की सुबह थी, धूप खिल चुकी थी और तभी पेरिस की मुख्य सड़क पर मिस्टर मोरीसॉट टहलते चले आ रहे थे। मोरीसॉट पेशे से एक घड़ीसाज थे, मगर इन दिनों काम न होने की वजह से बेकार थे। उनके दोनों हाथ पैंट की जेब में थे। इस वक्त उनकी जेब और पेट दोनों ही खाली थीं। तभी अचानक उनका सामना मिस्टर सोवेज से हुआ, जिनसे उनकी दोस्ती मछली पकड़ने के दौरान हुई थी।

युद्ध शुरू होने से पहले मोरीसॉट ने हर इतवार का एक नियम बना लिया था। वह सुबह-सुबह हाथ में बाँस का डंडा और पीठ पर टिन का बक्सा लिये निकल पड़ते थे। वह अर्जेंटील की ट्रेन पकड़ते, उसे कोलंबस में छोड़ते, और फिर वहाँ से इले माराँते तक का रास्ता पैदल ही तय करते थे। जैसे ही वह अपनी सबसे पसंदीदा जगह पर पहुँचते, मछली पकड़ना शुरू कर देते और अँधेरा घिरने तक मछलियाँ पकड़ने में जुटे रहते।

हर इतवार इसी जगह पर उनकी मुलाकात मिस्टर सोवेज से होती थी। वे एक मोटे, छोटे कद के मगर बेहद खुशमिजाज व्यक्ति थे। रू नोट्रे डेम डी लोरेट में कपड़े का व्यापार करने के साथ-साथ उन्हें मछली पकड़ने का भी शौक था। दोनों अकसर अपना आधा दिन एक साथ ही बिताते थे। हाथ में बाँस थामे और पानी पर पैर लटकाए बैठे रहते थे। दोनों के बीच अच्छी खासी दोस्त पनप चुकी थी।

कुछ दिन ऐसे ही बीत जाते, जब दोनों में ज्यादा बातचीत नहीं होती थी।

मगर कभी-कभी वे गप्पें लड़ाते थे। लेकिन उन दोनों के विचार और शौक एक-दूसरे से इतना मेल खाते थे कि बगैर कुछ बोले भी दोनों एक-दूसरे को अच्छी तरह समझने लगे थे।

बसंत के मौसम में, जब सुबह दस बजे के करीब सूरज अपनी रोशनी बिखेरता तब पानी के ऊपर एक धुंध सी छाई रहती थी। हलकी धूप दोनों की पीठ को जब सेंकने लगती तो कभी-कभी मोरीसॉट अपने पड़ोसी से कहने लगते—

'मेरी तो पीठ जल रही है, पर जाने दो, यहाँ फिर भी आनंद आ रहा है।'

इस बात पर दूसरे का जवाब होता—

'मैं इससे बेहतर किसी और चीज की कल्पना ही नहीं कर सकता!'

और ये कुछ शब्द एक-दूसरे तक अपनी बात पहुँचाने और एक-दूसरे को समझने के लिए पर्याप्त होते थे।

सर्दियों में जब दिन ढलने लगता तो पश्चिम का आसमान रक्तिम लालिमा से चमक उठता था। लाल-लाल बादलों के प्रतिबिंब से पूरी नदी लाल दिखने लग जाती थी। नदी के लाल रंग से दोनों दोस्तों के चेहरे भी दमकने लगते थे। पेड़ के पत्ते शरद ऋतु के आने से ही झड़ना शुरू हो जाते थे, मगर इस लालिमा से मुरझाए पत्ते भी पेड़ को एक शानदार रूप दे देते थे। इन्हें देखकर मिस्टर सोवेज मुसकराते हुए मोरीसॉट की ओर देखते और कहते—

'कितना शानदार नजारा है!'

और तब मोरीसॉट अपनी नजर शिकार से हटाए बिना जवाब देते—

ये राजपथ से भी बेहतर है, है न?

आज राजपथ पर इतने दिनों बाद, बदले हुए हालात में मिलने पर भी दोनों ने न सिर्फ एक-दूसरे को पहचान लिया, बल्कि एक-दूसरे से दोस्ताना अंदाज में हाथ भी मिलाया।

मिस्टर सोवेज ने एक गहरी साँस लेते हुए धीरे से कहा—

''इन दिनों बड़ा बुरा वक्त चल रहा है!''

मोरीसॉट ने भी शोक मनाने के अंदाज में सिर हिला दिया।

और फिर ऐसा मौसम! यह साल का पहला अच्छा दिन है।

दरअसल, आसमान चमक रहा था, बिना बादलों के एकदम नीला नजर आ रहा था।

दोनों साथ-साथ चलते रहे। दोनों ही उदास थे और गहरी सोच में डूबे हुए थे।

मोरीसॉट ने कहा, ''और जरा याद करो उन दिनों को, जब हम मछली

पकड़ते थे! हम कितना मजा किया करते थे ना!''

''हम दोबारा कब मछली पकड़ पाएँगे?'' मिस्टर सोवेज ने पूछा।

दोनों एक छोटे से कैफे में गए, एक चिरायता लिया और फिर फुटपाथ पर चलने लगे।

मोरीसॉट अचानक रुक गए।

उन्होंने पूछा, ''क्या हमें एक और चिरायता लेना चाहिए?''

''अगर तुम चाहो तो'' मिस्टर सोवेज ने सहमति जताते हुए कहा।

और तब दोनों शराब की एक दुकान में दाखिल हुए।

जब बाहर निकले तो दोनों के कदम लड़खड़ा रहे थे। खाली पेट पर शराब ने अपना असर दिखा दिया था। उस दिन मौसम अच्छा था, धूप कड़ी नहीं थी और धीरे-धीरे चल रही हवा उनके चेहरे से टकरा रही थी।

ताजा हवा ने मिस्टर सोवेज के नशे को और भी बढ़ा दिया। वे अचानक रुके और कहने लगे—

''मान लो, हम अभी वहाँ चलें तो?''

''कहाँ?''

''मछली पकड़ने।''

''लेकिन कहाँ?''

''वहीं, अपनी पुरानी जगह पर। फ्रांस की चौकियाँ भी कोलंबस के नजदीक हैं। मैं कर्नल डूमोलीन को जानता हूँ। हमें आसानी से आगे जाने की इजाजत मिल जाएगी।''

मोरीसॉट लालच के नशे में थोड़ा और लड़खड़ा गए।

''बिलकुल ठीक। मैं तैयार हूँ।''

और फिर दोनों अपने-अपने रॉड और मछली पकड़ने का साजो-सामान लाने के लिए वहाँ से अलग-अलग रास्तों पर चल पड़े।

एक घंटे बाद वे फिर से एक सड़क पर साथ-साथ चल रहे थे। उस वक्त दोनों एक बँगले पर पहुँचे, जहाँ एक कर्नल रहता था। वह इन दोनों की गुजारिश पर मुसकराया और इजाजत दे दी। उन्होंने फिर चलना शुरू कर दिया। उन्हें एक संकेत शब्द यानी पासवर्ड दिया गया।

जल्दी ही वे आउटपोस्ट से भी आगे निकल गए। निर्जन पड़े कोलंबस के बीच से होते हुए सीन शहर की सीमा पर खुद को अंगूरों के बाग के करीब पाया। इस वक्त सुबह के ग्यारह बज रहे थे।

उनके सामने अर्जेंटील शहर था, जो मृतप्राय दिख रहा था। दूर से ही वादियों के बीच ऑर्गेमेंट और सनोइस की चोटियाँ नजर आ रही थीं। नानटेरे तक फैला वह विशाल मैदान एकदम खाली पड़ा था, मिट्टी का रंग भी भूरा पड़ चुका था और चेरी के पेड़ भी उजड़े हुए नजर आ रहे थे।

मिस्टर सोवेज ने चोटियों की तरफ इशारा करते हुए कहा—

''प्रूसियन उसके उस पार हैं!''

गाँवों को सुनसान देखकर दोनों दोस्तों के बीच अजीब सी उलझन पैदा होने लगी।

प्रूसियन! उन्हें दोनों ने कभी देखा नहीं था, लेकिन पेरिस के आस-पास के इलाकों में उनके होने का अहसास था। कई महीनों से वे फ्रांस को बरबाद कर रहे हैं, उसे रौंद रहे हैं, नरसंहार कर रहे हैं, भूख से तड़पा रहे हैं। अनजाने से मगर विजेता देश के प्रति उनके दिमाग में एक दहशत व नफरत पैदा हुई।

''मान लो अगर हमारी मुलाकात उनमें से एक से भी हो गई तो?'' मोरीसॉट ने कहा।

''तो हम उन्हें कुछ मछलियाँ दे देंगे।'' मिस्टर सोवेज ने प्रूसियनों की क्रूरता को ध्यान में रखते हुए कहा, जिनकी भूख कोई नहीं मिटा सकता था।

मगर अब भी उन दोनों को अपने आसपास छाए पूर्ण सन्नाटे के बीच इस तरह खुले मैदान में खड़े होने में अजीब सा लग रहा था।

अंत में मिस्टर सोवेज ने पूरे हौसले के साथ कहा—

''चलो, इसकी शुरुआत हम ही करते हैं। बस हमें थोड़ा सतर्क रहना होगा!''

और फिर दोनों ने अंगूरों के बगीचे से होते हुए आगे बढ़ना शुरू कर दिया। उन्होंने झाड़ियों के अंदर-अंदर रेंगना शुरू किया। उनकी नजरें सतर्क थीं और कान किसी भी आवाज को सुनने के लिए एकदम चौकन्ने थे।

इससे पहले कि वे नदी के किनारे तक पहुँच पाते, उन्हें एक लंबा-चौड़ा मैदान पार करना था, जहाँ छिपने के लिए झाड़ियाँ नहीं थीं। उन्होंने एक तरकीब अपनाई। वे तेजी से दौड़े, इससे पहले कि किसी की नजर पड़े, पानी के किनारे तक पहुँच गए, और खुद को सूखे पेड़े-पौधों के बीच छिपा लिया।

मोरीसॉट ने अपने कान जमीन पर टिका दिए और गौर से सुनने लगे कि कहीं कोई उनकी ओर आ तो नहीं रहा। उन्हें कुछ सुनाई नहीं दिया। दोनों उस जगह पर पूरी तरह अकेले थे।

वे सुरक्षित महसूस करने लगे, और फिर मछली पकड़ने का काम शुरूकर दिया।

वे अपने सामने नदी के उस पार सुनसान-वीरान इले मारांते शहर को देख पा रहे थे। वहाँ एक छोटा सा रेस्तराँ हुआ करता था, जो अब ऐसा दिख रहा था, मानो वर्षों से बंद पड़ा हो।

मिस्टर सोवेज ने पहली गजन मछली पकड़ ली थी, दूसरी मिस्टर मोरीसॉट के कब्जे में आई, और एक के बाद एक उनके काँटे में मछलियाँ फँसती चली गईं। जब छोटी-छोटी चमकीली मछलियाँ काँटे में छटपटाती हुई पानी से ऊपर नजर आतीं तो उनके चेहरे खुशी से खिल उठते।

वे मछलियों को काँटे से निकालते और धीरे से अपने पैर के करीब पड़े उस बैग में सरका देते, जिसका मुँह जालियों से ढका हुआ था। उनकी खुशी का ठिकाना नहीं था। आखिर इतने दिनों बाद अपने पसंदीदा काम को करने का मौका जो मिला था।

सूरज की किरणें अब उनकी पीठ पर पड़ने लगी थीं। उन्हें अब न कुछ सुनाई दे रहा था, न किसी चीज की चिंता सता रही थी। उन्हें दुनिया की कोई परवाह नहीं थी, क्योंकि वे मछली पकड़ रहे थे।

लेकिन अचानक गड़गड़ाहट की आवाज सुनाई पड़ी। ऐसा लगा जैसे धरती के नीचे कोई धमाका हुआ, जिसने उन्हें ऊपर से नीचे तक हिला दिया। यह तोपों की गड़गड़ाहट थी, जिन्होंने फिर से गोले बरसाना शुरू कर दिया था।

मोरीसॉट ने अपनी नजरें बाईं ओर घुमाकर देखा तो नदी के उस पार माउंट वैलेरीन की पहाड़ियों पर सफेद धुआँ उठ रहा था।

अगले ही पल धुएँ का एक और गुबार नजर आया। एक नए धमाके से धरती फिर से थर्रा गई थी।

फिर तो एक के बाद एक कई धमाके हुए। हर एक मिनट बाद पहाड़ियों पर गोले बरसते और सफेद धुएँ का गुबार उठता नजर आता। उनका धुआँ पहाड़ की चोटियों से आसमान में जाता साफ नजर आ रहा था।

मिस्टर सोवेज ने अपने कंधे उचकाए, और कहा—

''देखो उन्होंने फिर यह सब शुरू कर दिया!''

मोरीसॉट अब तक अपने रॉड को पानी से ऊपर और नीचे जाने का लुत्फ ले रहे थे। मगर मिस्टर सोवेज के गुस्से ने उनका ध्यान बँटा दिया। शांत स्वभाव के एक व्यक्ति को गोले बरसानेवाले सिरफिरे लोगों से नाराज देखकर वो भी गुस्से में आ गए, और कहा—

''कितने मूर्ख हैं ये लोग, जो इस तरह एक-दूसरे को मार रहे हैं!''

मिस्टर सोवेज ने कहा, ''वे जानवरों से भी गए गुजरे हैं।''

मिस्टर मोरीसॉट जिन्होंने अभी-अभी एक और मछली पकड़ी थी, बोल पड़े— ''और यह सब तब तक चलता रहेगा, जब तक कि सरकारें हैं!''

''गणतंत्र कभी युद्ध का ऐलान नहीं करता।'' मिस्टर सोवेज ने कहा।

मोरीसॉट ने उन्हें बीच में टोका—

''जब राजा का शासन होता है, तो हम दूसरे देशों से लड़ते हैं, पर जब गणतंत्र होता है तो गृहयुद्ध शुरू हो जाता है।''

और फिर दोनों ने आहिस्ता-आहिस्ता राजनीतिक समस्याओं पर बातचीत शुरू कर दी। दोनों ही अमन चाहनेवाले और खरी बात करनेवाले नागरिक थे, जो एक बात पर आम राय रखते थे कि उन्हें कभी आजादी नहीं मिल सकती। दूसरी तरफ माउंट वैलेरीन पर बमों की वर्षा जारी थी। दुश्मन के तोप फ्रांसीसियों के घरों को तबाह कर रहे थे। जिंदगियों को, इनसान के सपनों को, आनेवाली खुशियों को खत्म कर रहे थे। एक-दूसरे के मुल्क में आकर वहाँ की पत्नियों, बेटियों और माताओं को बेहिसाब दुख दे रहे थे।

''ऐसी है ये जिंदगी!'' मिस्टर सोवेज ने अफसोस के साथ कहा।

''ये कहो, कि ऐसी है ये मौत!'' हँसते हुए मोरीसॉट ने जवाब दिया।

मगर अचानक उनके रोंगटे खड़े हो गए, जब उन्हें अपने पीछे कदमों की आहट सुनाई पड़ी। पीछे मुड़कर देखा तो उनके एकदम करीब चार लंबे कद के सिपाही खड़े थे। चेहरे पर दाढ़ी थी, सिर पर चपटी टोपी और पोशाक नौकरों के जैसी थी। सिपाहियों ने मछली पकड़ने में व्यस्त इन दो दोस्तों पर अपनी बँदूकें तान दीं।

दोनों के हाथ से रॉड छूट गए और पानी में बहते हुए दूर चले जा रहे थे।

चंद सेकेंड के भीतर दोनों कैद कर लिये गए, बाँधकर नाव में डाल दिए गए और इले मारांते ले जाए गए। जिन मकानों को उन्होंने निर्जन समझ लिया था, उनके पीछे सैकड़ों जर्मन सैनिक मौजूद थे।

दोनों विशालकाय लंबे बालोंवाले एक व्यक्ति के सामने खड़े थे, जो कुरसी पर बैठा हुआ लंबा सा पाइप पी रहा था। उसने शानदार फ्रेंच में दोनों को संबोधित किया—

''क्यों, आप दोनों सज्जनों को मछली पकड़ने में खूब मजा आ रहा था?''

तब एक सैनिक ने अफसर के सामने उनके मछलियों के बैग को रखा। सैनिक मछलियों का बैग सँभालकर यहाँ तक लाए थे। प्रूसियन अफसर के चेहरे पर मुसकान थी।

''यह बुरा नहीं है। लेकिन मैंने तुम दोनों को यहाँ किसी और वजह से

बुलाया है। मेरी बात ध्यान से सुनो और हाँ, डरने की जरूरत नहीं है।

"मेरी नजर में तुम दोनों दुश्मन के जासूस हो, जिन्हें मेरी हरकतों पर नजर रखने के लिए भेजा गया है। इसलिए मैं तुम्हें कैद कर सकता हूँ और गोली से उड़ा सकता हूँ। तुम मछली पकड़ने का नाटक कर अपने असली इरादे को छिपाना चाहते थे। तुम मेरे चंगुल में फँस चुके हो और तुम्हें इसका खामियाजा भुगतना पड़ेगा। युद्ध के हालात यही कहते हैं।

"लेकिन तुम दोनों आउटपोस्ट से होकर आए हो, तो तुम्हारे पास वह पासवर्ड जरूर होगा, जिससे तुम वापस लौट सकते हो। मुझे वह पासवर्ड बता दो तो मैं तुम्हें जाने दूँगा।"

दोनों दोस्तों को अपनी मौत साफ नजर आ रही थी। उनके चेहरे का रंग सफेद पड़ गया था। चुपचाप एक-दूसरे के बगल में खड़े दोनों अपनी बाँहों को थोड़ा-बहुत हिलाकर यह संकेत देना चाह रहे थे कि वे डरे हुए नहीं हैं।

अफसर ने कहा, "यह बात किसी को पता नहीं चलेगी। तुम दोनों शांतिपूर्वक अपने-अपने घर लौट जाओगे, और तुम्हारे जाने के बाद यह राज भी राज ही रह जाएगा। यदि तुम इनकार करते हो, तो इसका मतलब है मौत, अभी और इसी वक्त। चुन लो तुम क्या चाहते हो?"

दोनों जड़वत् खड़े रहे, उनके होंठ भी हिल नहीं पा रहे थे।

प्रूसियन अफसर एकदम शांत था। उसने नदी की ओर हाथ बढ़ाते हुए कहा, "सोचो, सिर्फ पाँच मिनट में तुम दोनों नदी के उस पार पहुँच जाओगे। सिर्फ पाँच मिनट में! मैं समझता हूँ, तुम्हारे रिश्तेदार तो उस पार होंगे ही?"

माउंट वैलेरीन पर अब भी गोले बरस रहे थे।

मछली पकड़नेवाले दोनों चुपचाप खड़े थे। जर्मन अफसर घूमा और उसने अपनी भाषा में कोई आदेश दिया। फिर उसने अपनी कुरसी खिसकाई और इन दोनों बंदियों से थोड़ा दूर चला गया। करीब दर्जन भर सैनिक आगे आए और बीस कदम दूर अपनी राइफल तानकर खड़े हो गए।

"मैं तुम दोनों को एक मिनट देता हूँ।" अफसर ने कहा, "इससे एक सेकेंड भी ज्यादा नहीं!"

फिर वह जल्दी से उठा और इन दोनों फ्रांसीसियों के करीब आया। मोरीसॉट की बाँह पकड़कर कुछ दूर ले गया, और फिर उसके कान में फुसफुसाया—

"जल्दी! पासवर्ड बताओ! तुम्हारे दोस्त को पता नहीं चलेगा। मैं दया दिखाने का नाटक कर दूँगा।"

मोरीसॉट ने एक शब्द नहीं बोला।

तब प्रूसियन अफसर इसी तरह मिस्टर सोवेज को एक ओर ले गया। उनके सामने भी वही प्रस्ताव रखा।

मिस्टर सोवेज ने भी कोई जवाब नहीं था।

एक बार फिर दोनों एक-दूसरे के बगल में खड़े थे।

अफसर ने आदेश जारी किया। सैनिकों ने अपनी बँदूकें तान लीं।

तभी मोरीसॉट की नजर गजन मछलियों से भरे अपने बैग पर पड़ी, जो उनसे कुछ फीट दूर घास पर पड़ा था।

सूरज की किरणें अब भी छटपटाती मछलियों पर पड़ रही थीं, और उनमें चाँदी जैसी चमक पैदा हो रही थी। तब मोरीसॉट का दिल बैठने लगा। पूरी कोशिश की बावजूद वह अपनी आँखों में आ रहे आँसुओं को रोक नहीं पाया।

लड़खड़ाती आवाज में उन्होंने कहा, "अलविदा, मिस्टर सोवेज!"

सोवेज ने भी जवाब दिया, "अलविदा मिस्टर मोरीसॉट!"

उन्होंने हाथ मिलाए। सिर से पाँव तक काँपते शरीर पर उनका काबू नहीं रह गया था।

तभी अफसर चीखा—"फायर!"

बारह की बारह गोलियाँ एक साथ गरजीं।

मिस्टर सोवेज उसी क्षण सामने गिर पड़े। मोरीसॉट लंबा होने की वजह से कुछ देर तक हिले-डुले और फिर अपने दोस्त की ओर लुढ़क गए। उनका चेहरा आसमान की ओर था तथा कोट की जेब में बने छेद से खून की धार निकल रही थी।

जर्मन अफसर ने एक और आदेश दिया।

उसके सैनिक वहाँ से चले गए। दोबारा रस्सियों और बड़े-बड़े पत्थरों के साथ लौटे। दोनों दोस्तों के पैरों को इनसे बाँध दिया और फिर उन्हें लेकर नदी के किनारे चल पड़े।

माउंट वैलेरीन की चोटियाँ अब भी धुएँ से ढकी थीं और बमबारी लगातार हो रही थी।

दो सैनिकों ने मोरीसॉट को सिर और पैर से पकड़कर उठाया। बाकी दो सैनिकों ने सोवेज को उठाया। मजबूत हाथों में दोनों के शरीर झूल रहे थे। कुछ दूर ले जाकर नदी का मोड़ आते ही सैनिकों ने दोनों की लाश नदी में फेंक दी।

पानी की लहरें ऊँची उठ रही थीं। वे किनारे पर आईं और फिर वापस लौट गईं।

खून के कुछ निशान पानी में अब भी नजर आ रहे थे।

अफसर जो अब तक एकदम शांत था, उसने मजाक में कहा—

''अब मछलियों की बारी है!''

फिर वह अपने घर की ओर चल पड़ा।

अचानक उसकी नजर गजन मछलियों से भरे जाल पर पड़ी, जो अब भी घास पर पड़ी थीं। उसने मछलियों को उठाया और कुछ पल मुसकराने के बाद आवाज लगाई—

''विलहम!''

आवाज सुनते ही सफेद एप्रिन पहने एक सिपाही दौड़कर आया। प्रूसियन अफसर ने मछलियों को उसकी तरफ उछालते हुए कहा—

''इससे पहले कि ये मर जाएँ, इन्हें मेरे लिए तलकर लाओ, आज इन्हें खाकर मजा आ जाएगा।''

एक बार फिर उसने पाइप पीना शुरू कर दिया।

□

सपने

पाँच पुराने दोस्तों ने अभी-अभी एक साथ बैठकर रात का खाना खाया था। उनमें से एक लेखक था, दूसरा डॉक्टर और बाकी के तीन बिन ब्याहे अमीरजादे थे, जिनके पास कोई काम-धंधा नहीं था।

खाने के दौरान उन्होंने तकरीबन हर विषय पर बातचीत की थी। और अब वैसी ही थकान महसूस कर रहे थे, जैसी अकसर महोत्सवों के खत्म होने पर, मेहमानों के चले जाने के बाद, मेजबान महसूस किया करते हैं। तभी उनमें से एक, जो पिछले पाँच मिनट से लगातार कतारबद्ध जलती बत्तियों से रौशन सड़क पर जाती गाड़ियों को निहार रहा था, अचानक बोल पड़ा—

"जब सुबह से रात तक आपके पास करने को कोई काम न हो, तो दिन बड़ा लंबा लगने लगता है।"

उसकी बगल में बैठे दूसरे व्यक्ति ने हाँ में हाँ मिलाते हुए कहा, "और रात भी लंबी लगती है। मैं बहुत कम सो पाता हूँ। आमोद-प्रमोद से थक जाता हूँ। बातचीत भी नीरस लगने लगती है। व्यर्थ की इन बातों में कभी कोई नया विचार नहीं मिला। कभी कभी तो इतना गुस्सा आता है कि यह फैसला कर लेने को जी करता है—अब न किसी से बात करूँगा और ना किसी की बात सुनूँगा। समझ नहीं आता कि मैं अपनी शाम आखिर कैसे बिताऊँ।"

तभी तीसरा आलसी भी बोल पड़ा—

"अगर कोई ऐसा उपाय बता दे, जिससे मैं दिन के दो घंटे भी खुशी-खुशी बिता सकूँ तो मैं उसे मुँह माँगी कीमत अदा करने को तैयार हूँ।"

उनके बीच बैठे लेखक ने बाहर निकलने के लिए अभी अपना ओवरकोट पहना ही था कि इन शब्दों ने उसे कुछ कहने पर मजबूर कर दिया। उन तीनों की

ओर देखते हुए उसने कहा—

"यदि कोई मनुष्य एक बुरी आदत ढूँढ़ निकालता है, और फिर अपने दोस्तों को उस बुरी आदत का आदी बना देता है, तो मैं समझता हूँ कि वह इनसानियत की महान् सेवा कर सकता है। उसका योगदान उस व्यक्ति से कहीं ज्यादा होगा, जो इनसान को मुक्ति दिलाने और अनंत काल तक युवा बनाए रखने का उपाय जानता हो।"

डॉक्टर इतना सुनते ही ठहाका लगाकर हँस पड़ा। उसने अपने सिगार को चबाते हुए कहा—

"ठीक कहा, लेकिन इस बुरी आदत को ढूँढ़ निकालना आसान नहीं है। जब से दुनिया बनी है, तभी से इनसान इसे ढूँढ़ रहा है, और लोगों में जिस लत को डालने की बात तुम कर रहे हो, उसके लिए भी प्रयास करता आ रहा है। मगर जो लोग धरती पर सबसे पहले आए, वे इस काम में माहिर थे। हमारा तो उनसे कोई मुकाबला ही नहीं।"

तीन आलसियों में एक बड़बड़ाया—

"कितने दुख की बात है!"

एक मिनट तक चुप रहने के बाद वह फिर बोला—

"काश! हम जब भी सोते तो गहरी नींद में सोते, उसी तरह बेसुध, जैसे थकान से चूर होने के बाद हम रात में सोते हैं। न गरमी का अहसास होता, न ठंड का पता चलता। इतनी गहरी नींद में सोते कि सपने भी नहीं आते।"

"ये सपने क्यों नहीं आते?"

दूसरे ने इसका जवाब दिया—

"इसलिए कि सपने हमेशा सुहाने नहीं होते। वे अकसर काल्पनिक, विचित्र और असंगत होते हैं। चूँकि हम सो रहे होते हैं, इस वजह से हम वैसे सपने नहीं देख पाते जैसा हम देखना चाहते हैं। हमें दिन में जागकर सपना देखना चाहिए।"

"और तुम्हें ऐसा करने से रोकता कौन है?" लेखक ने पूछ लिया।

डॉक्टर ने सिगार के अंतिम सिरे को फेंकते हुए कहा—

"मेरे दोस्त, जागते हुए सपने देखने के लिए तुम्हारे अंदर असीम शक्ति और अपने मन पर कठोर नियंत्रण होना चाहिए। जब तुम ऐसा करोगे, तो तुम्हें बेहद थकान महसूस होगी। जहाँ तक वास्तविक सपने देखने की बात है और तो हम मन में अलौकिक सौंदर्य के जिन दृश्यों की कल्पना करते हैं, वे निश्चित रूप से संसार के सबसे अद्‌भुत अनुभवों में से एक हैं। लेकिन ये विचार मन में स्वाभाविक रूप

से आने चाहिए। इसमें कोई जोर-जबरदस्ती या कष्ट नहीं होना चाहिए, बल्कि शरीर का एकदम आराम की अवस्था में होना जरूरी है। मैं तुम्हें इस तरीके से सपना देखने की शक्ति दे सकता हूँ, बशर्ते तुम मुझसे वादा करो कि कभी इसका गलत इस्तेमाल नहीं करोगे।''

लेखक ने कंधा उचकाते हुए कहा—

''ओह! मैं समझ गया हशीश, अफीम, हरी चाय—इन्हीं की काल्पनिक दुनिया की बात कर रहे हो न तुम। मैंने बोदलेख को पढ़ा है और उस मशहूर ड्रग को भी चखा है, जिसने मुझे एकदम कमजोर कर दिया था।''

डॉक्टर इस बात से जरा भी उत्तेजित नहीं हुआ, उसने अपनी जगह पर बैठे-बैठे ही कहा—

''नहीं, बिलकुल नहीं, मैं ईथर की बात कर रहा हूँ, ईथर की। और मैं कहूँगा कि तुम्हारे जैसे विद्वानों को भी कभी-कभार इसका इस्तेमाल करना चाहिए।''

तीनों अमीरजादे अब डॉक्टर के करीब आ चुके थे।

उनमें से एक ने कहा—

''हमें बताओ, यह कैसे काम करता है?''

तब डॉक्टर ने उन्हें बताया—

''चलो, पहले बड़ी-बड़ी बातों को एक तरफ रख देते हैं, ठीक है न? मैं औषधि या नैतिकता की बात नहीं कर रहा हूँ। मैं मजा लेने की बात कर रहा हूँ। हर दिन तुम उन बुरी आदतों से हार मान लेते हो, जो एक दिन तुम्हारी जिंदगी खत्म कर देती हैं। मैं तुम्हें एक नई उत्तेजना का बोध कराता हूँ, क्योंकि इसे सिर्फ बुद्धिमान लोग ही समझ सकते हैं। सच कहूँ तो बेहद बुद्धिमान व्यक्ति। यह उन चीजों की तरह ही खतरनाक है, जो हमारे अंगों को अति-उत्तेजित कर देते हैं, लेकिन यह है एकदम अद्भुत। मगर उससे पहले मैं यह भी बता दूँ कि इसके लिए थोड़ी तैयारी की जरूरत पड़ती है। यानी, ईथर का पूरा मजा लेने के लिए थोड़ा अभ्यास होना चाहिए।

''ईथर का जो मजा होता है, वह हशीश, अफीम या अफीम के सत्त्व से थोड़ा अलग होता है। जैसे ही इसे सूँघना बंद कर दो तो इसका असर भी खत्म हो जाता है। इसकी बजाय दिन में सपने दिखानेवाले जो दूसरे उत्तेजक पदार्थ हैं, उनका असर कई घंटे बाद तक रहता है।

''अब मैं इससे होनेवाले अनुभवों को जहाँ तक संभव हो, स्पष्ट रूप से समझाता हूँ। मगर ईथर को समझना इतना आसान भी नहीं है। इतना जरूर है कि

इससे पैदा हुई उत्तेजना इतनी सुगम और मजेदार होती है कि ईथर के प्रभावों का अहसास तक नहीं होता।

''सबसे पहले मैंने इसे तब रामबाण के तौर पर अपनाया जब मेरी नसों में भयानक दर्द उठा था। तब से लेकर अब तक मैं इतनी बार इसका इस्तेमाल कर चुका हूँ, कि तुम यह कह सकते हो कि मैं इसका गुलाम हो गया हूँ।

''मेरे सिर और गरदन में तेज दर्द था। त्वचा अंगारों की तरह जल रही थी और मैं बुखार से तड़प रहा था। मैंने ईथर की एक बड़ी बोतल उठाई और लेटकर धीरे-धीरे सूँघने लगा। कुछ मिनट बाद मुझे हलकी सी बड़बड़ाहट सुनाई पड़ी। धीरे-धीरे वह गुनगुनाहट में बदल गई और मुझे अहसास हुआ कि मेरा शरीर हलका होता जा रहा है, हवा की तरह हलका। इतना हलका जैसे यह भाप बनकर हवा में उड़ रहा हो।

''उसके बाद आलस सा आने लगा, दर्द कम नहीं हुआ था, लेकिन वैसा ही आराम मिलने लगा जैसे नींद में मिलता है और उसकी वजह से दर्द का अहसास होना बंद हो गया। यह ऐसी संवेदना थी, जिसे हम बरदाश्त करने के लिए तैयार रहते हैं। यह उस भयानक ऐंठन की तरह नहीं होता, जिसे सहने से हमारा टूटा शरीर भी इनकार कर देता है।

''जल्दी ही वह अजीब सी और खालीपन की सुखद अनुभूति, जो मुझे अपने सीने में महसूस हो रही थी, मेरे हाथों और पैरों की तरफ जाने लगी। हाथ-पैर हलका लगने लगे। ऐसा लगा जैसे मांस और हड्डियाँ गलते जा रहे हैं और बस चमड़ी बची है। चमड़ी की वजह से ही मुझे जीने के आनंद का अहसास हो रहा था, और मैं स्वस्थ होने की संवेदना में गोते लगा रहा था। फिर लगा कि मुझे कोई कष्ट नहीं है। दर्द जा चुका था, गल चुका था, भाप बनकर उड़ चुका था। और फिर मुझे कुछ बातें सुनाई पड़ीं, चार अलग आवाजों में, उनमें दो डायलॉग थे, पर मैं समझ नहीं पा रहा था कि उनका मतलब क्या है। एक पल के लिए लगा कि कुछ अस्पष्ट से स्वर हैं, दूसरे ही पल मुझे एक शब्द समझ आ गया। लेकिन मैं समझ पाता कि यह वही गुनगुनाहट है जो मैं पहले सुन चुका हूँ, पर अब यह थोड़ी और तेज हो चुकी है। ना मैं सोया था, ना मैं जागा था। मैं सबकुछ समझ रहा था, महसूस कर रहा था। एक अद्‌भुत ऊर्जा और बौद्धिक खुशी के साथ, मैं स्पष्ट तौर पर और पूरी गहराई से तर्क-वितर्क कर पा रहा था। एक अद्‌भुत नशे की वजह से मेरे दिमाग के विभिन्न अंग अलग अलग हो चुके थे।

''यह उन सपनों की तरह नहीं था, जो हशीश के सेवन से आते हैं या फिर

कुछ बीमार कर देनेवाले सपने, जो अफीम के सेवन से आते हैं। इसके नशे से तर्क करने की एक सटीक क्षमता पैदा हुई, जिसकी वजह से जिंदगी के पहलुओं को देखने और समझने का एक नया नजरिया मिला। पूरे होशो-हवास के साथ, मैं निश्चित रूप से यह कह सकता हूँ कि यह सोचने का सही तरीका है।

''और फिर धर्मग्रंथों की एक पुरानी तसवीर मेरे मन में उभरी। मुझे लगा जैसे मैंने बोधि वृक्ष के नीचे ज्ञान हासिल कर लिया है। जीवन के सभी रहस्य सुलझ गए हैं। मैं इतना कुछ जान गया हूँ कि मेरे पास एक नया, अद्‍भुत और निरुत्तर कर देनेवाला तर्क है। मेरे दिमाग में तर्क, वाद-विवाद, सबूत एक के बाद एक इकट्ठा होते चले जा रहे थे। उनके बाद उनसे भी पुख्ता सबूत और तर्क आ रहे थे। मेरा दिमाग विचारों की युद्धभूमि में तब्दील हो गया था। मैं अदम्य बौद्धिकता से युक्त एक श्रेष्ठ व्यक्ति बन गया था। मुझे अपनी शक्ति के प्रचार-प्रसार से अपार हर्ष का अनुभव हो रहा था।

''यह सब लंबे समय तक चलता रहा, लंबे समय तक। मैं अब भी अपनी सुराही से ईथर सूँघ रहा था। अचानक मुझे लगा कि यह खाली हो चुकी है।''

चारों व्यक्ति एक साथ बोल पड़े—

''डॉक्टर, तुरंत एक लीटर ईथर की परची लिख दो!''

मगर अपना हैट पहनते हुए डॉक्टर ने कहा—

''हरगिज नहीं, जाओ किसी और से यह जहर माँग लो!''

और वह चला गया।

देवियो और सज्जनो! इस विषय पर आप क्या सोचते हैं?

□

बच्चा

लेमोनियर एक विधुर पुरुष था। अपना कहने को बस एक बच्चा था। पत्नी जिंदा थी तो उसके प्यार में डूबा रहा। बिना किसी चूक, उसे इतना प्यार दिया, जिसकी कोई सीमा नहीं थी। वह अच्छा आदमी था। ईमानदार था, एकदम सीधा-सादा और इतना सच्चा कि न उसके मन में किसी के प्रति द्वेष था और न कोई दूसरा उस पर संदेह कर सकता था।

वह अपने पड़ोस में रहनेवाली लड़की से प्यार कर बैठा था। प्यार होते ही शादी का प्रस्ताव रख दिया और प्रस्ताव स्वीकार भी हो गया। उसका कपड़े का थोक का कारोबार था। जिंदगी की गाड़ी अच्छी तरह चल रही थी। एक मिनट के लिए भी उसे यह शक नहीं हुआ कि जिस लड़की से उसने शादी की है, उसे उसके सिवाय किसी दूसरी चीज में भी दिलचस्पी हो सकती है।

वह उसे खुश रखती थी। तभी तो वह उसे दिलो-जान से चाहता था। उसके खयालों में ही खोया रहता था। एकटक उसे ऐसे निहारता रहता था जैसे उससे इश्क नहीं, सजदा करता हो। खाने बैठता तो न जाने कैसी-कैसी गलतियाँ कर जाता था। पत्नी के चेहरे से नजरें हटती नहीं थीं और इधर जाम प्याले की बजाय प्लेट पर उड़ेल देता। नमकदानी में पानी डाल देता और एक मासूम सी खिलखिलाहट लिये जोर-जोर से बोल पड़ता—

'देखो, मैं तुम्हारे प्यार में किस कदर पागल हो गया हूँ।'

इन बातों का पत्नी पर कोई खास असर नहीं पड़ता था। वह मुसकराती भर थी और फिर इधर-उधर ऐसे देखने लग जाती जैसे वह इन हरकतों से असहज महसूस कर रही हो। अपने पति की दीवानगी कम करने के लिए वह कुछ इधर-उधर की बातें शुरू कर देती, ताकि उसका ध्यान बँट जाए, मगर उसकी कोशिश

अकसर नाकाम हो जाती। टेबल के अंदर से पति उसका हाथ पकड़ लेता और फिर मदहोश सी आवाज में धीरे से कहता—

'मेरी प्यारी जीनी, मेर दिल की रानी जीनी!'

कभी-कभी तो इन बातों से जीनी को गुस्सा भी आ जाता था। वह बोल पड़ती थी—

'चलो-चलो, होश में आ जाओ, चुपचाप खाना खाओ और मुझे भी खाने दो।'

वह एक ठंडी आह भरता और ब्रेड का एक बड़ा टुकड़ा अपने मुँह में ठूँस लेता था, फिर उसे धीरे-धीरे चबाना शुरू कर देता।

शादी के पाँच साल बीत गए, लेकिन कोई संतान नहीं हुई। फिर एक दिन अचानक उसकी पत्नी ने ऐलान किया कि घर में एक नया मेहमान आनेवाला है। उसकी खुशी का ठिकाना नहीं रहा। उस पल से लेकर बच्चे की पैदाइश तक क्या मजाल कि वह एक पल के लिए भी अपनी पत्नी को अकेला छोड़ा हो। वह तो उसकी पुरानी नर्स थी, जिसने बच्चे के जन्म से ठीक पहले उसे कमरे से धक्का देकर बाहर निकाला और कहा कि बाहर की ठंडी हवा खाकर आओ। वैसे भी उसके घर पर बूढ़ी नर्स का ही राज चलता था और वह उसकी बात टाल भी नहीं सकता था।

कुछ दिनों पहले, उसकी यारी एक ऐसे नौजवान से हुई, जो एक जाना-माना सेक्रेटरी था। यही नहीं, वह उसकी पत्नी का भी बचपन का साथी था। एम डूरेटोर का उनके घर आना-जाना शुरू हो गया। हफ्ते में तीन बार वह लेमोनियर परिवार के साथ ही डिनर किया करता था। जब भी आता तो कभी मैडम के लिए हाथ में फूल होते तो कभी थिएटर का टिकट। अकसर डिनर के बाद लेमोनियर भावुक हो उठता और अपनी पत्नी की ओर देखकर कहता, 'इस धरती पर मेरे जैसा खुशनसीब इनसान भला और कौन हो सकता है, जिसे तुम्हारे जैसा जीवनसाथी मिला और इनके जैसा दोस्त।'

एक दिन उसे अपने जीवन का सबसे बड़ा सदमा पहुँचा। बच्चे को जन्म देते समय पत्नी की मौत हो गई। इस सदमे ने उसे जैसे मार डाला। मगर बच्चे पर नजर पड़ते ही उसका दुःख पल भर के लिए कम हुआ। मासूम की किलकारियों ने उसे जीने का हौसला दिया।

अपने दिल में दर्द और दुःख भरे प्यार की यादों को समेटे उसने बच्चे का पालन-पोषण शुरू किया। बच्चे में उसे अपनी पत्नी की छवि नजर आती थी। एक

अहसास था कि इस बच्चे के रूप में उसकी पत्नी आज भी जिंदा है। वह अपने पीछे अपनी एक निशानी छोड़ गई है। गोद में उठाए अपने बच्चे को अपनी पत्नी का एक हिस्सा समझकर वह बेतहाशा चूमने लगता था। फिर उसे याद आता कि इसी बच्चे की वजह से उसने अपनी पत्नी को खो दिया। यह बच्चा इस दुनिया में आया, पर उसकी पत्नी को दुनिया छोड़कर जाना पड़ा। यह खयाल आते ही सीने से लगाए अपने बच्चे को एम लेमोनियर पालने में डाल देता और दूर बैठकर उसकी ओर देखता रहता। इसी तरह वह घंटों बच्चे को निहारता रहता और अनगिनत बातें सोचता रहता। कुछ कड़वी और कुछ मीठी। फिर जब मासूम की आँखें लग जातीं तो वह उठता और उसके करीब जाकर सुबक-सुबककर रोने लगता।

बच्चा बड़ा होने लगा। पिता के लिए उससे एक घंटे के लिए भी दूर रहना मुश्किल हो गया। वह उसके साथ ही रहता। उसे खुद ही नहलाता-धुलाता, कपड़े पहनाता, खाना खिलाता और घुमाने ले जाता। उसके दोस्त एम डूरेटोर भी बच्चे से बेहद प्यार करते थे। वह बच्चे को इस तरह चूमने लगते थे जैसे माता-पिता अपने जिगर के टुकड़े से लाड़-प्यार करते हैं। वह उसे हवा में उछालते, उसके लिए घोड़ा तक बन जाते थे और घंटों घुमाते रहते थे। लेमोनियर यह सब देखकर खुश हो जाता था और बोल पड़ता—

'कितना प्यार है ना? कितना प्यार है ना?'

और फिर एम डूरेटोर बच्चे को बाँहों में भर लेते और उसकी गरदन में मूँछ से गुदगुदी करने लग जाते।

इस मासूम के लिए उस बूढ़ी नर्स, सेलेस्ट के दिल में कोई प्यार नहीं था। उसकी शैतानियों पर उसे गुस्सा आता था, और इन दोनों को बच्चे के साथ खेलता देखकर वह अपना धैर्य खो बैठती थी। गुस्से में बोलती—

'क्या इस बच्चे को इस तरह पालोगे तुम दोनों? इसे बंदर बना डालोगे क्या?'

साल बीतते गए और जीन अब नौ साल का हो चुका था। उसे पढ़ना तक नहीं आता था। वह लाड़-प्यार में बिगड़ चुका था और उसकी जो मरजी में आता था बस वही करता था। वह मनमतंगी था, जिद्दी था और तुरंत गुस्सा कर बैठता था। पिता उसकी मरजी के आगे सिर झुका देते थे और फिर वह वही करता था जो उसके मन में आता था। एम डूरेटोर उसके आगे खिलौनों का ढेर लगा देते और उसके लिए इतने केक और कैंडी लाते कि वह अपना पेट उन्हीं से भर लिया करता

था। तब सेलेस्ट के सब्र का बाँध टूट पड़ता था और वह चिल्लाना शुरू कर देती थी—

'शर्म कीजिए श्रीमान, शर्म कीजिए। आप बच्चे को बिगाड़ रहे हैं। पर मुझे आपको रोकना ही होगा। हाँ सर, मैं कहती हूँ कि आप यह सब बंद कर दें, इससे पहले कि बहुत देर न हो जाए।'

एम लेमोनियर मुसकराते हुए जवाब देते—

'आपको तकलीफ क्या है ? मैं उससे बहुत प्यार करता हूँ और मैं अपने आप को रोक नहीं सकता। अच्छा होगा कि आप भी इसकी आदत डाल लें।'

जीन भी कम नाजुक नहीं था। डॉक्टर ने कह दिया कि उसे खून की कमी है। उसे आयरन, मीट और शोरबा खिलाने की सलाह दी।

मगर बच्चे को तो केक के सिवाय कुछ अच्छा ही नहीं लगता। वह पोषणवाली चीजों से मुँह फेर लेता था। पिता से बच्चे की भूख देखी नहीं जाती थी और वह हारकर उसे केक, क्रीम पफ और चॉकलेट खाने की इजाजत दे देते थे।

एक शाम, जब सभी रात के खाने का इंतजार कर रहे थे, सेलेस्ट सूप लेकर आई। उस वक्त उसके चेहरे के हाव-भाव इतने सख्त थे कि शायद ही पहले किसी ने उसका यह रूप देखा हो। उसने सूप का ढक्कन हटाया और चमचा डालते हुए बोली—

'आज मैंने अपनी जिंदगी का सबसे बेहतरीन शोरबा बनाया है। बच्चे को इसमें से थोड़ा-बहुत तो पीना ही होगा।'

एम लेमोनियर डरा हुआ था। उसने सिर झुका लिया। वह समझ गया, कोई तूफान आनेवाला है।

सेलेस्ट ने उसकी प्लेट उठाई, सूप डाला और उसके सामने रख दिया।

उसने सूप को चखा और बोला—

'वाह, वाकई लाजवाब है !'

सेलेस्ट ने बच्चे की प्लेट उठाई और उसमें एक चम्मच सूप डाल दिया। वह कुछ कदम पीछे हट गई और देखने लगी कि क्या होता है।

जीन ने सूप को सूँघा और चेहरे पर घिन का भाव लाते हुए प्लेट को पीछे खिसका दिया। सेलेस्ट गुस्से से तमतमा गई। तुरंत आगे आई, चम्मच में सूप लिया और जीन के मुँह में जबरन ठूँस दिया।

उसका दम घुटने लगा, वह खाँसने लगा, छींकने लगा और फिर थूक दिया। गुर्राते हुए उसने गिलास उठाया और नर्स की तरफ दे मारा। गिलास नर्स के पेट से

जा टकराया। इससे नर्स का गुस्सा और भड़क गया। उसने बच्चे का सिर अपनी बगल में दबाते हुए एक के बाद एक सूप का चम्मच मुँह में डालती चली गई। उसका चेहरा चुकंदर की तरह लाल हो चुका था, वह पैर पटकता रहा, छटपटाता रहा, खाँसता रहा और हवा में हाथ मारता रह गया।

पहले तो पिता यह सब देखकर इतना हैरान रह गया कि अपनी जगह से हिल भी नहीं सका। फिर अचानक वह आगे बढ़ा, गुस्से से बौखलाकर नर्स की गरदन पकड़ी और चीखते हुए उसे दीवार की तरफ धकेल दिया—

'बाहर निकलो, बाहर जाओ, जंगली कहीं की!'

बूढ़ी नर्स ने खुद को सँभाल लिया। उसके बाल खुलकर पीठ पर आ चुके थे। आँखें गुस्से से बाहर निकल आई थीं। वो चिल्लाते हुए बोली—

'आखिर तुम्हें हो क्या गया है? तुम मुझे इसलिए मारने आ रहे हो कि मैं तुम्हारे बच्चे को सूप पिला रही हूँ, जबकि तुम उसके अंदर मीठा जहर भरते जा रहे हो!'

वह कुछ सुनने को तैयार नहीं था। सिर से पाँव तक काँपते हुए बस वही दोहरा रहा था—

'बाहर निकलो ! बाहर निकलो, जंगली कहीं की!'

और तब वह गुस्से से उसकी ओर झपटी, उसकी आँखों में आँखें डालकर अपनी काँपती हुई आवाज में बोली—

'ओह! तो तुम सोचते हो कि तुम मुझसे इस तरह का व्यवहार कर सकते हो? नहीं, तुम ऐसा नहीं कर सकते। और फिर किसके लिए ऐसा करोगे? उस लड़के के लिए, जो तुम्हारा है भी नहीं। नहीं, वह तुम्हारा नहीं है! तुम्हारा नहीं है! तुम्हारा नहीं है! और यह बात तुम्हारे सिवाय हर कोई जानता है! बनिए से पूछ लो, कसाई से पूछ लो, बेकरीवाले से पूछ लो, किसी से भी पूछ लो!'

वह गुस्से से काँप रही थी और बड़बड़ाती जा रही थी। फिर वह शांत हुई और उसकी ओर देखा।

वह ये सब सुनकर सन्न रह गया था। उसके पैर जैसे जम गए थे। दोनों बाँह हवा में झूल रही थीं। थोड़ी देर बाद रुँधे गले से उसकी आवाज निकली—

'क्या कहा? क्या कहा? फिर से कहना?'

नर्स के तो जैसे होंठ सिल गए थे, वह उसका रूप देखकर डर गई थी। एक बार फिर वही शब्द दोहराते हुए उसकी ओर बढ़ने लगा—

'फिर से कहना जो तुमने अभी कहा! क्या कह रही थीं तुम?'

फिर धीर गंभीर आवाज में वह बोली—

'मैंने वही कहा जो मैं जानती हूँ, जो हर कोई जानता है।'

उसने नर्स को कसकर पकड़ा और किसी शैतान की ताकत और गुस्से से उसे उठाकर फेंक देना चाहा। मगर बूढ़ी होने के बावजूद उसमें ताकत थी और फुरती भी। उसके शिकंजे से खुद को छुड़ाते हुए टेबल के चारों ओर दौड़ते हुए चिल्लाई—

'देखो इसे, देखो जरा इस मूर्ख को! क्या तुम्हें दिखता नहीं कि वह एम डूरेटोर की जीती-जागती परछाईं है। उसकी आँखें देखो और उसकी नाक देखो! क्या तुम्हारी वैसी हैं? और उसके बाल! क्या वह उसकी माँ के जैसे हैं? मैं कह देती हूँ, ये सभी जानते हैं सिवाय तुम्हारे! इसकी चर्चा तो पूरे शहर में है! तुम भी एक नजर उसकी तरफ देखो तो!'

अगले ही पल वह दरवाजे की तरफ लपकी, उसे खोला, और फिर गायब हो गई।

डरे सहमे जीन को तो जैसे साँप सूँघ गया था। वह बस अपनी सूप की प्लेट लिये चुपचाप बैठा रहा।

एक घंटे बाद वह वापस लौटी। यह देखना चाहती थी कि अब हालात कैसे हैं। जीन पूरा केक सफाचट कर चुका था, क्रीम और सीरप की शीशी चट करने के बाद अब अपने सूप के चम्मच से जैम निकाल रहा था।

उसके पापा घर से बाहर जा चुके थे।

सेलेस्ट ने बच्चे को अपने गले से लगाया, उसे चूमा और फिर उसे कमरे में ले जाकर बिस्तर पर लिटा दिया। वह वापस डाइनिंग-रूम में आई, टेबल साफ किया और बाकी सामान अपनी-अपनी जगह पर रख दिया। घर में एक अजीब सा सन्नाटा था।

पूरे घर से एक भी आवाज नहीं आ रही थी। उसने अपने मालिक के दरवाजे पर कान लगाकर सुनने की कोशिश की। कमरे में एकदम खामोशी थी। उसने चाबी लगानेवाले छेद से अंदर झाँकने की कोशिश की। देखा तो वह बैठे-बैठे कुछ लिख रहे थे। उनका चेहरा एकदम शांत था।

किचन में वापस आकर वह बैठ गई, खुद को किसी भी आपातकालीन स्थिति के लिए तैयार कर लिया। कुरसी पर बैठे-बैठे सो गई और आँख खुली तो दिन निकल आया था।

उसने रोज की तरह एक-एक कर कमरों की सफाई शुरू की। उसने झाड़ू

लगाया और सफाई पूरी करने के बाद करीब आठ बजे एम लेमोनियर के लिए नाश्ता बनाया।

मगर उसकी हिम्मत नहीं हुई कि नाश्ता अपने मालिक के कमरे तक ले जाए। उसे अंदाजा था कि एक बार फिर वह उसके गुस्से का शिकार हो सकती है। वह इंतजार करती रही कि कमरे से घंटी की आवाज आएगी। मगर घंटी नहीं बजी। नौ बजे, फिर दस भी बज गए और समय बीतता गया।

सेलेस्ट को कुछ समझ नहीं आ रहा था। आखिरकार उसने ट्रे लगाया और कमरे की तरफ बढ़ने लगी। उसका दिल जोर-जोर से धड़क रहा था।

कमरे के करीब आकर वह रुकी और कान लगाकर सुनने की कोशिश की। सबकुछ एकदम शांत था। उसने दरवाजा खटखटाया। कोई जवाब नहीं आया। पूरी हिम्मत जुटाने के बाद उसने दरवाजा खोला और अंदर दाखिल हुई। उसकी चीख निकल गई और हाथ से नाश्ते का ट्रे छूटकर नीचे गिर पड़ा।

कमरे के बीचोबीच एम लेमोनियर की लाश छत में बँधी एक रस्सी से लटक रही थी। उनकी बाहर तक निकली जीभ डरावनी दिख रही थी। उनके दाहिने पैर की चप्पल जमीन पर गिरी थी। बाएँ पैर की चप्पल पैर में ही थी। बिस्तर पर एक कुरसी लुढ़की पड़ी थी।

सेलेस्ट कुछ देर के लिए स्तब्ध रह गई, और फिर चीखती हुई कमरे से बाहर भागी। पड़ोसियों की भीड़ जुट गई। डॉक्टर ने बताया कि उनकी मौत आधी रात को ही हो चुकी थी।

टेबल पर एक चिट्ठी थी, जो एम डूरेटोर के नाम लिखी गई थी। चिट्ठी में लिखा था—

'मैं बच्चे को तुम्हारे भरोसे पर छोड़कर जा रहा हूँ!'

□□□